IJSLAND

Ronald
Giphart
IJsland

Uitgeverij Podium
Amsterdam

© 2010 Ronald Giphart
Omslagontwerp Studio Ron van Roon
Beeld omslag Getty Images
Typografie Sander Pinkse Boekproductie
Foto auteur Keke Keukelaar

ISBN 978 90 5759 446 5

Verspreiding voor België: Van Halewyck, Leuven

www.uitgeverijpodium.nl
www.ronaldgiphart.nl

Voor Lasse, de Drakendoder

ER IS GEEN DAAR DAAR

Voordat hun vriendschap explodeerde, schreef de dichter Albert Verwey honderdtwintig jaar geleden voor zijn collega Willem Kloos de sonnettencyclus *Van de liefde die vriendschap heet*:

> Want álles is mysterie, o mijn vrind,
> En daaruit staat geen mens bewuster op
> Dan 't kind, dat na zijn sluimer niets meer schort.

Er werd en wordt nog steeds gefluisterd dat de zogenaamde vriendschap tussen Verwey (vader van zeven kinderen) en Kloos (getrouwd met een dichteres) meer zou zijn dan louter vriendschap en dat de beide heren in feite wederzijdse verlangens koesterden. De mannen zouden mooie gedichten hebben gecomponeerd als substituut voor het destijds maatschappelijk onmogelijke: samen ongestoord in een ledikant liggen, lekker met de bovenbenen tegen mekaar schurken, elkaars volle billen ferm tussen de vingers van hun rauwe knoesten. Althans, dat waren de roddels.

Het was en is blijkbaar niet mogelijk dat twee mannen elkaar zo mogen dat ze vrolijke verzen voor malkander schrijven, dat de vriendschap hen uitdaagt hun omgang te vereeuwigen in metrum en taal. Nu zijn er over liefde ontelbaar veel boeken verschenen, maar over vriendschap zou ik er veel minder kunnen bedenken. Vriendschap is geen illusie, noch 'liefde zonder erotiek', zoals een beroepsdeskundige onlangs op tv beweerde, want dat reduceert vriendschap tot het gemankeerde broertje van het zogenaamd allerhoogste: liefde. Vriendschap, oftewel de echte, pure, diepdoorleefde kameraadschap tussen volwassen mannen wedijvert juist met liefde. Van de vriendschap die liefde overstijgt.

In verloren tijden schreef ik je bijna dagelijks. Dat werd wekelijks werd maandelijks werd jaarlijks werd eeuwlijks. Ik kan daar slechts laffe, halfgelogen excuses voor bedenken. Te weinig tijd. Te veel sociale wurgcontacten. Te lang *on tour*. Tevreden met een geliefde, die allang niet meer mijn geliefde is. Tevreden met een nieuwe geliefde. Niets is voor altijd, alles voor nooit.

Vroeger zat ik uren aaneen achter mijn bureau om alleen voor jou 'brieven aller brieven' te schrijven: sketches, aforismen, anekdotes, grappen over liefde, literatuur, cabaret en dood — of mijn leven ervan afhing.

Het is onbegrijpelijk waarom aangename zaken soms zo zwaar zijn, beste vriend. John Lennon zag bij een kennis eens een gitaar staan. Hij pakte het instrument en zei: '*I haven't picked up a guitar in six years. I forgot how heavy they are.*' Ik heb onze briefwisseling gemist, of eerlijker: ik heb míjn brieven gemist. Ooit schreef ik je dat ik mezelf nooit een vollediger mens voelde en zo'n fervent fan was van mezelf dan op de momenten dat ik jou schreef. Er is de afgelopen jaren veel gebeurd, er zijn mensen spoorloos verdwenen en mensen spontaan bij gekomen, ik heb dingen gedaan en gelaten, ik ben gevallen en weer opgestaan, niet noodzakelijkerwijs in die volgorde. Zeer bepalend was mijn bondgenootschap met mijn oude vrienden, de broers Egon de Oudere en Ludo de Jongere. Een jaar of negen geleden vormden we nogal achteloos en zonder er al te lang over na te denken een zogenaamd 'duo plus één': twee cabaretiers en een schrijver. Het doel was een kortstondige tournee langs theaters. Inmiddels hebben we afgelopen maand onze zesde grote show afgerond en is de zevende aangeboden aan de zalen (maar daarover later meer).

Deze brief begint een jaar geleden, toen ik werd opgehaald door de broers. Dit was op een zaterdagmorgen, belachelijk vroeg, als gevolg van een kroegafspraak. Een paar weken daarvoor waren we na een optreden in Amersfoort blijven hangen in een kroeg vlak bij het theater, samen met onze chauffeur Ordy. Ludo kon het echter niet laat maken omdat hij Ziv (zeven jaar toen) de volgende ochtend naar voetbal moest brengen. De jochies uit die leeftijdsgroep spelen op zaterdagochtend om acht uur, op andere tijdstippen zijn er geen velden meer beschikbaar. Ludo vroeg of ik mee wilde, maar omdat ik destijds een paar weken nodig had om me geestelijk voor te bereiden op vroeg opstaan, beloofde ik dat ik hem een andere keer zou vergezellen. Dat werd drie weken later, en het goede nieuws was dat oom Egon ook meeging, omdat we sowieso later die dag gedrieën naar Friesland zouden afreizen voor het tweede huwelijk van onze impresario Junior (volg je het nog?). Ludo belde om half acht aan. In zijn ruime tweedehandsgezinswagen zaten vier bleke knulletjes en een bleke volwassen kerel uitgelaten te zingen.

'De eerste de beste die nu nog geluid maakt, trek ik helemaal uit elkaar,' begroette ik hen.

'Dit is oom Giph,' zei Egon opgewekt, waarna ik door de kleuters met hoofdsuizend enthousiasme werd ontvangen. 'Oom Giph gaat jullie straks aanmoedigen.'

'Heb jij zelf geen kinderen, of wil je geen kinderen?' vroeg een kereltje. Ik staarde naar zijn brilletje en ik weet niet meer hoe ik het precies zei, maar het zal geklonken hebben als: 'Jongeman, noem me ouderwets, edoch het is een diep gevoel van beschaving dat lieden elkaar slechts tutoyeren nadat zij hierover elkaar vooraf om toestemming hebben verzocht. Ik duid u uw vrijpostigheid niet euvel — u bent jong en dus bij voorbaat geëxcuseerd voor uw verlies van decorum — maar ik stel er prijs op dat u mij vousvoyeert tot ik u vriendelijk vraag dit niet meer te doen. Voorlopig verkeren wij nog niet op een dusdanige voet van vertrouwelijkheid dat we dit soort intimiteiten met elkaar delen, duidelijk?'

De jongen keek me wezenloos aan, net als de rest van het viertal. Dit duurde anderhalve seconde en hierna begon het gekrijs weer.

Het verhaal gaat dat ouders zich langs het voetbalveld van hun kinderen hufterig en onbeschoft gedragen, maar daarvan heb ik niets gemerkt. Ludo, Egon en ik stonden te kleumen langs de lijn. Ik zag alleen onuitgeslapen hoofden, met holle ogen waaruit leed sprak, puur leed. Eén keer heb ik naar het knulletje met het brilletje geroepen 'let op je dekking', maar dit was zo'n buitensporig overbodige opmerking tegen jongens die volgens het 'honing aan de bal'-systeem spelen, dat ik verder mijn mond maar hield.

Na afloop van de wedstrijd stonden alle spelertjes gebroederlijk bij elkaar in de kantine voor een bekertje ranja-achtig water. De eindstand was 8-6, waarmee iedereen tevreden leek. Ziv kwam bij Ludo staan en wurmde zich onder zijn arm. Ludo legde zijn rechterhand op het hoofd van zijn zoon, speelde wat met de krulletjes van het knulletje en met dat gebaar zag ik deze brief plotseling voor me.

Die middag...
reden we naar Friesland. Juniors familie had een kampeerboerderij ('State Donia') aan de oever van het Slotermeer. De trouwplechtigheid van Junior en zijn tweede vrouw in het stadhuis van Sneek was alleen toegankelijk voor

naaste familie en getuigen. De rest van de vrienden en kennissen was uitgenodigd voor een feestelijk zeilweekend ten logemente van de Donia's. 's Middags zouden we met het hele gezelschap het meer opgaan, 's avonds was er een gezamenlijk diner, met sketches en cabaret (leuk!) en toespraken en samenzang en een deejayende oom en nachtelijke escapades en zouden we de stapelbedden onveilig maken met de tantes van de bruid.

Dat laatste hoopte ik niet echt, al was ik op dat moment niet vies van de gedachte aan ordinair gerebound, sinds de moeder van mijn nooit geboren kinderen en ik een maand of vier daarvoor in alle rust hadden besloten dat we toch maar beter als vrienden verdergingen. 'In alle rust' wilde zeggen dat Samarinde en ik nachtenlang tegen elkaar schreeuwden en in een kasteeltje op nota bene de Friese terp Leavefrede — waar we een vredesberaad hadden belegd — een hotelkamer finaal verbouwden, waarna we géén goedmaakseks hadden.

Een maand of vier daarvoor...
zaten Samarinde en ik tegenover elkaar in het restaurant van het kasteeltje. Ik had net een tweede fles wijn besteld, hoewel Samarinde een keer of zes zei dat ze zeker niet dronken ging worden. We hadden die verbouwing van onze hotelsuite nog niet uitgevoerd, maar onze relatie wel met een precisiebombardement aan argumenten definitief aan gruzelementen geblazen. Het besluit was eindelijk gevallen. De handtekeningen konden worden gezet. We gingen uit elkaar. Elf... acht... negen jaar had onze liefde geduurd. Achteraf beschouwd is het moeilijk aan te wijzen wat de feitelijke aanleiding was voor de explosie. Samarinde zei 'dat het soms wel leek of we meer broer en zus waren dan geliefden'. Dat soort uitdrukkingen gebruikte ze vroeger nooit. Er waren tientallen lontjes en lonten geweest, die we tijdens die eerste fles wijn nog redelijk nuchter en zelfs

met mededogen konden bespreken. We hadden allebei fouten gemaakt, maar we hielden nog wel van elkaar. Ik vertelde Samarinde over de dingen die ik weet over liefde, dingen waarover ik lees en schrijf en waarvoor ik op het podium applaus krijg, godbetere het.

De tragiek van verliefdheid is dat die ooit stopt. Zoals stand-up comedian Rychard Pryor in een van zijn shows zei: *'We were in love like a bitch, till we got a relationship.'*

Vroeger zocht men de schuld voor deze tragiek bij goden of omstandigheden, tegenwoordig zien we het als het droogvallen van de rivier aan chemicaliën die onze hersens zelf laat stromen. Het lichaam kan niet ongestraft langdurig in een euforische staat blijven. Dit kan betekenen dat 'verliefdheid omslaat in houden van', zoals Homerus dat zo onnavolgbaar heeft verwoord, als de gekte uit de begintijd van een relatie langzaamaan verandert in oprechte genegenheid. Natuurlijk krijgen we in die gevallen meer oog voor de twijfelachtigere kanten van onze beminde, maar dat hoeft niet per se negatief te zijn, want schakeringen in iemands persoonlijkheid maken hem of haar juist rijker en voller.

Aan de andere kant kan het ook gebeuren dat afgenomen liefdeswaanzin zorgt voor een desillusie: onze beminde blijkt toch niet de grote uiteindelijke geliefde die we hoopten dat hij of zij zou zijn, maar slechts een zeppelin die overdreef in de nacht. En die daar dan wel negen jaar over deed.

Leavefrede, een uur later
Die tweede fles wijn kwam er toch, samen met de verwijten en verwensingen. Samarinde zei dat onze relatie wat haar betreft slechts de eerste drie... vijf... vier jaar had geduurd, en dat de zes... acht... zeven jaar daarna voor haar niet hadden gehoeven. De dingen die je niet wil zeggen die je toch zegt.

'Heb je eigenlijk wel van me gehouden?' vroeg ik, larmoyant door de drank.

'Ja,' zei ze, en ze voegde er lispelend aan toe: 'Heb.'

Vier maanden later...
kwam theatergezelschap Groep Smulders aan in Woudsend, waar we met gejuich werden ontvangen; een soort running gag, begrepen we later, want het nieuwbakken echtpaar had uit alle geledingen van zijn kennissenkring mensen uitgenodigd, mensen die elkaar niet of nauwelijks kenden. Deze begroeting was een kleine test, een miniontgroening onder het motto: peilen of deze nieuwkomers bereid zijn zich dit weekend aan te passen aan de wurgende gezelligheid van onze middelpuntzoekende troep onbekenden. Wij vertegenwoordigden Juniors *artisten*, zoals hij ons in gezelschap noemt, waarbij we er voor de vorm maar aan voorbijgaan dat wij grootaandeelhouders zijn van zijn agentschap. Na het succes van onze eerste show hadden we er — in navolging van anderen — voor gekozen ons eigen impresariaat op te richten: Plankenkoorts Producties. Alle zes cabaretgezelschappen die ons bedrijf vertegenwoordigt, waren in Friesland aanwezig, dus je kunt je voorstellen wat een samenballing van humor dat was.

Egon maakte na het gejuich bij onze ontvangst in de kampeerboerderij een overdreven diepe buiging, wat hem direct tot gangmaker bestempelde. Hij werd om zijn hals gevlogen door Dirk Mollema, de grootste naam uit onze stal. Egon en hij deden alsof ze elkaar al jaren niet meer hadden gezien (terwijl we de dag ervoor nog met Dirk hadden vergaderd). Ook andere gangmakers schoten toe om zich in dit weerzien te mengen en zo ontstond een spontane act waarin de halve Nederlandse cabaretscene in een gebroederlijke omhelzing stond en 'Reach Out And Touch' begon te zingen. De rest van het gezelschap keek geamuseerd toe.

Ludo, de intellectueel van de broertjes Smulders, deed hier niet aan mee. Hij keek eerst eens even verkennend om zich heen naar de architectuur van deze laatnegentiende-eeuwse boerderij, de verweerde impressionistische kunst aan de muur, de vormgeving van de meubels, hij luisterde naar de klassieke muziek uit de speakers, contempleer-de over de goddelijke ongenaakbaarheid van Descartes' opvattingen over het dualistisch wereldbeeld in relatie tot de geschiedenis van de beschaafde wereld en Friesland in het bijzonder.

We waren nog niet binnen, of het gezelschap werd door de ceremoniemeester naar buiten genood. Junior en zijn nieuwe echtgenote Sipke kwamen over het Slotermeer aanvaren, op een *stoomboot*, godbetere het. Ze stonden op de voorsteven te zwaaien naar de menigte. Iedereen onthaalde hen op luid gejuich en applaus. Een orkestje speelde een of ander Fries mopje, dat door de Friezen uit-bundig werd meegezongen. Het heeft iets treurigs als je in een levensfase zit waarin je kennissen voor de tweede keer gaan trouwen, net wanneer je zelf als emotietoerist hersteld bent van de eerste crash. De bruid was niet in het wit, maar ze zag er wel verpletterend lekker uit, voor iemand van in de veertig, bedoel ik. Terwijl Junior en zij over de loopplank naar het vasteland stapten, werden ze bekogeld met rijst, bloemen en suikerwerk.

Vier maanden daarvoor...
bekogelden Samarinde en ik elkaar met bloempotten, munten, boeken en alles wat er maar voorhanden was in onze hotelkamer in Leavefrede. Doordat we toch nog een derde fles wijn hadden laten komen waren we ons gevoel voor decorum volledig kwijtgeraakt. Nadat Sama-rinde de hotelbijbel naar mijn hoofd had gegooid, ze boos de gang op was gerend en naar de auto gevlucht, en een kwartier later briesend terug was gekomen hebben we

onze schreeuwruzie voortgezet, waarna ík met eenzelfde gevoel voor theater de kamer uit rende. Toegegeven, in de auto was het erg koud en het lag ook niet bepaald prettig. Ik dacht erover om Samarinde lekker in Friesland te laten en terug te scheuren naar het westen, om vervolgens als straf mezelf onderweg tegen een boom te parkeren, maar ik besloot gelukkig net op tijd dat ik daarvoor toch te dronken was, omdat ik die boom zeker zou hebben gemist en ongetwijfeld het weiland dat de boom omringde zou zijn opgeraasd, waar mijn wielen hopeloos zouden zijn vastgelopen in de modder van een koeiendrinkplaats, zodat ik later tegenover een ANWB-wegenwacht had moeten uitleggen hoe ik in die zooi terecht was gekomen, waarna die vent een preek zou afsteken over de hoeveelheid vissen in de zee en potjes waarop dekseltjes passen.

Toen ik terugkwam op de hotelkamer deed Samarinde of ze sliep. Ik ben naast haar gaan liggen en deed op mijn beurt of ik snel in slaap viel, terwijl ik ondertussen naar haar ademhaling luisterde, die verried dat zij naar de mijne lag te luisteren. Een triest beeld: twee zogenaamd slapende voormalige geliefden, die voor het laatst met elkaar in één bed liggen.

Nog vanuit Leavefrede belde Samarinde de volgende morgen intens verdrietig al haar vriendinnen, kennissen, collega's, familieleden, buren, kappers, visagisten, patiënten en iedereen de ze verder maar kon bedenken om hun het nieuws van onze scheiding te vertellen, en dat ging de hele autoreis en de hele verdere dag door. 'Ik heb het hem verteld, *hoor*,' zei ze een keer of vijftig. Vooral het woordje 'hoor' stak me.

Eenmaal thuis pakte ze tussen haar telefonades door haar koffertje, een *Sesamstraat*-reistas die ik ooit nog had gekocht toen ze naar een seminar kindergeneeskunde in Madrid ging (verdriet zit voornamelijk in details, ben ik inmiddels achter). Dat ze later zou terugkomen voor de rest van haar spullen, zei ze, toen ze in de huiskamer stond met haar jas al aan.

'Nou dag,' zei ze. 'Ik heb geen zin in een emotioneel afscheid. Ik bel je vanavond.'

'Ja dag,' zei ik, en waar ik 'ja dag' zei, meneer de quizmaster, bedoelde ik eigenlijk 'ja dag, ontzettend eigengereid rotwijf', stop de tijd!

Ik hoorde hoe de deur in het slot viel, waarna ik opstond en door het lege appartement ben gelopen. Onze slaapkamer met ons bed. Onze boekenkast, met alle door ons samen gekochte romans, dvd's en cd's nog broederlijk naast elkaar. Onze keuken met onze spullen in onze koelkast. De badkamer waaruit een paar potjes, smeersels en geurtjes ontbraken. Onze gang. Onze gangkast met onze vakantiespullen. Ons toilet met al haar leuke verpozels voor onder het schijten. De kamer waar ze in latere tijden haar patiënten kon ontvangen, annex onze logeerkamer, annex onze wasdroogkamer, annex onze opslagkamer, annex de kamer met allerlei leuke *Sesamstraat*-spulletjes voor de medebewoner die er ooit zou slapen.

Samarinde heeft die avond niet meer gebeld. Zelf belde ik ook niet, ik belde niemand en nam geen telefoontjes aan.

Zeker een volle maand had ik nodig om tot me te laten doordringen dat we uit elkaar waren. *Meanwhile* werden er binnen mijn vriendenkring hele expedities opgezet om de smeulende resten van onze relatie te komen inspecteren. CSI Utrecht stond klaar om met rubberen handschoenen alle mogelijke forensische aanwijzingen te preserveren en analyseren. Kennissen, vooral vrouwen, die ik al jaren niet had gesproken, belden met de vraag of ik behoefte had aan gezelschap of een luisterend oor. Dat had ik niet, nooit gehad trouwens. Laat me in godsnaam met rust.

Wacht, een herinnering...

Onze laatste vakantie brachten Samarinde en ik door op Lefkas, een van de rustigste Griekse eilanden. Het was in het naseizoen, er waren bijna geen toeristen meer, Samarinde had zomaar een week vrij gekregen van het ziekenhuis waar ze werkte. In onze Huurhyundai tuften we over het eiland: geen files, geen bumperklevers, nergens overheidscampagnes dat we niet te hard of dronken moesten rijden. We reden door verlaten dorpjes die er op de kaart groot uitzagen, maar waar we in schaal 1:1 zo doorheen vlogen. Zwangere olijfbomen zagen we, zwarte weduwen en karkassen van onafgebouwde vakantiehuizen. Midden in de bergen stond een verweerd bord: BEAUTIFUL BEACH, 3,5 KM. De weg naar het strand was smal maar begaanbaar. Na een minuut of vijf werd de weg smaller. En daarna nog smaller. Ons Hyundaitje zonder stuurbekrachtiging was ruim een meter breed, de weg niet veel breder, en de afgrond heel diep.

Samarinde deed of ze niet bang was, alsof het heel normaal was wat wij deden. Toen splitste het brokkelige asfalt zich in drie onverharde weggetjes. Nergens konden we keren. Achteruit een scherpe bocht omhoog was geen optie. Zes hellingproeven en een bijna-doodervaring later lagen we op een beach die inderdaad beautiful was. Het water azuurblauw, de witte krijtrotsen fier en hoog, de zon een weldadig goede vriend.

Ik las Samarinde voor uit de reisgids. In de prehistorie werden op Lefkas om goden gunstig te stemmen mensen geofferd, door ze van de kalksteenrotsen naar beneden te kieperen. In de Oudheid boog men dit lugubere gebruik om naar een iets milder religieus ritueel. Vlak bij onze inham stond een klif van tweeënzeventig meter hoog, pal boven een diepe zeetong. Priesters en gewone stervelingen konden op deze klif de *katapontismos* wagen, oftewel 'de Lefkadische sprong'. Deze zeeduik was wederom bedoeld om de goden een beetje te paaien, maar gold ook als een remedie tegen... liefdesverdriet. Wie keihard was gedumpt, kon dankzij goddelijke interventie met één sprongetje alle sores van zich afwerpen. Er kleefden wel gevaren aan. Zo zou Sappho van Lesbos ook van de berg zijn gestapt. Dit vanwege liefdesverdriet om ene Phaon, een man. De remedie was effectief. Sappho heeft na haar sprong nooit meer ergens last van gehad.

Later...
op onze verschrikkelijk dure bank die we samen van Samarindes geld hadden gekocht (duur, maar hij gaat wel de rest van jullie leven mee, had de verkoper gezegd), zat ik me urenlang voor te stellen dat ik een ticket naar Lefkas zou boeken, een appartement zou huren, naar die tweeënzeventig meter hoge klif zou rijden, een rustig aanloopje zou nemen en in alle gemoedsrust een katapontismos zou wagen. Zou ik naar adem happend boven komen, prima, zou ik het leven laten, ook goed.

Terwijl ik hierover fantaseerde, luisterde ik onafgebroken naar een op repeat gezet nummer van Alicia Keys: 'If I Ain't Got You'. Ik dronk erbij. Ik dronk er mateloos bij. Ik zuchtte erbij. Ik rookte. Mijn vingers speelden piano op de rand van de koffietafel die we ook samen hadden uitgezocht. Ik zong de tekst mee, nog doorleefder, nog rauwer, nog meer van leed verwrongen dan Alicia Keys het ooit zou kunnen. Sommige mensen willen het allemaal, maar ik wil helemaal niets, als jij het niet bent, *baby*, sommige mensen willen diamanten ringen, anderen willen slechts alles, maar alles betekent voor mij niets, *if I ain't got you-ou-youhh-ou-youh-ou...*

Zowel Egon, Ludo als Junior zei dat ik eropuit moest, het café in, vrouwen achterna.

'Dit is de beste situatie die je kunt hebben,' zei Junior, 'je bent verdrietig, je bent verlaten, je bent een emotionele zeehond, vrouwen vallen daarop. Je moet hier misbruik van maken.'

Ik bleef zitten op mijn bank, zingend, drinkend, en ik vervloekte zowel Samarinde als Alicia Keys. Uren-, dagenlang nam ik met de therapeute-in-mijn-hoofd door waar het mis was gegaan. Mijn therapeute leek op die van Tony Soprano, ze was schor, ze was *mature*, ze had slanke benen. We hielden onder mijn schedel talloze sessies over mijn aanvaringen met Samarinde, over de tragische *werdegang* van onze relatie (woord dat zíj gebruikte), onze miskleunen en fouten. Natuurlijk ben ik in die acht jaar soms best een beetje net niet overtuigend maar volgens de letter van de wet wel degelijk vreemdgegaan, maar zij óók verdomme, zij óók, alleen gebeurden dat soort dingen bij mij steevast in dronkenschap en dan tellen ze niet, en overspel is vaker symptoom dan oorzaak, volgens mijn therapeute.

'Niet zeggen dat we uit elkaar waren gegroeid,' zei ik tegen mijn therapeute, want dat doet me denken aan dat beeld waarmee mijn zus vaak te koop loopt, dat ze gejat heeft van een gedicht van Vestdijk: over die twee ineengestrengelde bomen die bovengronds erg gelukkig lijken, maar ondergronds een verbeten gevecht voeren om water en voedingstoffen.

Ik liep door ons huis, terwijl 'If I Ain't Got You' door de ruimte dreunde. De kamer waar ze ooit haar patiënten zou gaan ontvangen. Ik ging zitten op een bureaustoel en keek naar de leegte van Samarindes verdwenen spullen. Misschien is het misgegaan in deze kamer, ik bedoel veel eerder nog, jaren geleden op het vrolijke feesteiland La Palma, waar de toekomstige bewoner van dit hok als een borrelglaasje geronnen hopjesvla via het toilet naar zee zwom. Ik hoorde op tv een twaalfjarige zeggen: 'Dat was een scharnierpunt in het huwelijk van mijn ouders.'

Scharnierpunt is geen woord voor kinderen. Toen Samarinde op dat toilet in La Palma zat, kreunend van weeën die ons dode kindje naar buiten aan het persen waren, en toen ze naar me opkeek met een blik vol angst en pijn, en toen ik haar niet omhelsde maar een glas water voor haar ging halen: dat was pas een scharnierpunt. *Our own private Twin Tower Moment.* Na deze miskraam van onze niet-geplande zwangerschap zijn Samarinde en ik de zwangerschapsmolen van de gezondheidszorg in gegaan, we hebben onderzoeken gehad, tellingen laten doen, ik heb een potje met prut moeten inleveren om half negen 's ochtends, na verreweg het meest bevredig... bevreemdende orgasme dat ik ooit heb gehad. Nog een paar keer was Samarinde overtijd, dagen dat we verwachtingsvol een predictortest deden, dagen ook dat we 's avonds ons verdriet verdronken en proostten op de volgende keer. Na verloop van tijd besloten we dat een zwangerschap ons leven niet moest gaan bepalen. We kregen een nieuw credo: als het komt dan komt het. Het kwam niet en het zal nooit meer komen — en dit is alles wat ik jou over Samarinde nog te schrijven heb. *If it ain't you baby, if I ain't got you-ou-youhh-ou-youh-ou...*

Terug naar Woudsend, bijna een jaar geleden
Voor Ludo en Egon was de lunch bij het huwelijk van Junior een hoogtepunt. Voordat we het water op zouden gaan, gebruikten we met het hele gezelschap een feestelijke maaltijd. We wachtten tot het prille echtpaar zich had omgekleed en daarna was het aanvallen op de kroketten. Senior, de vader van Junior, verontschuldigde zich tegenover de niet-Friestaligen, in godbetere het vlekkeloos Nederlands, dat hij zijn zoon en verse schoondochter in het Fries ging toespreken. Ultrataalgevoelige Ludo probeerde dit praatje ondanks zijn gebrek aan kennis van het Fries toch te volgen, terwijl ik me in mijn stoel liet zakken en onderzoekend om me heen keek. Egon ging heel osten-

tatief hard meelachen als Senior een grap had gemaakt, tot een mevrouw aan de overkant van de tafel grinnikend iets samenzweerderigs tegen hem zei, waarna Egon tot hilariteit van velen in het Nederlands moest bekennen: 'Mevrouw, ik heb geen flauw idee waar u het over hebt...'

Na mijn breuk met Samarinde — maar dit is écht het allerlaatste wat ik over haar schrijf — werd ik door Egon, Ludo en Junior op een maandagavond (voor theatermensen de vaste en enige uitgaansavond) meegenomen naar een restaurant. Ze maakten zich zorgen. Over mij, maar ook over de show. Onderweg haalde ik diep adem, een beetje pathetisch, maar het werkte wel. Ik voelde door mijn neusgaten een onverwachte energie binnenstromen, alsof ik me plotseling in een explosief nummer van The Jam bevond (snap je wat ik bedoel, of ben ik de enige die zich soms bijna letterlijk muziek voelt worden?). Waarom had ik al die tijd in mijn huis op mijn bank gezeten? Weg met het somber stemmende gekwijl van Keys, ik was toe aan 'Sounds From the Street'.

Natuurlijk heb ik die avond aan tafel uitgebreid over Samarinde verteld, en dat luchtte op, al was het nog bevrijdender om gewoon over feitelijk niets te praten, politiekniets, cabaretniets, nieuweshowniets, colleganiets, filmniets, vrouwenniets, borstenniets. Later gingen Egon, Junior en ik naar het café om zeventien drankjes te nemen, echt heus afgesproken erewoord, maar zeventien en dan gingen we naar huis, want de volgende dag zouden we een try-out spelen in Theater de Schamp in Ermelo. Het was of ik na een eenzaam verblijf in een koude winterstalling plotseling weer werd losgelaten in een vertrouwde bavianenkolonie. Al die nachten op die verrotte bank, wat een verspilling: zonder mij was het gevlooi en het gekrijs gewoon doorgegaan. Ik keek glimlachend om me heen.

Er werd die avond veelvuldig met mij geflirt door mij

onbekende meisjes. Junior schreeuwde in mijn oor: 'Godverdomme, ze ruiken het, Giph, ik zei het toch? Waarom ben ík verdomme niet net verlaten door mijn toekomstige echtgenote?'

Een Duitse gedragsfysioloog (laat ik hem Irenäus Eibl-Eibesfeldt noemen) ontwikkelde in de jaren zestig een camera waarbij het leek of hij recht vooruit filmde of fotografeerde, terwijl de lens in werkelijkheid op de zijkant stond gericht. Onderzoekers moeten zich soms in vreemde bochten wringen om hun onderzoek te kunnen uitvoeren, zeker als het hun doel is om ongestoord te kunnen gluren.

Tijdens de lunch had ik plaatsgenomen naast een mij onbekende, mooie vrouw, die voortdurend geanimeerd knikte om de woorden van Senior. Ik noem haar 'vrouw', maar ik had evengoed of evenslecht 'meisje' kunnen schrijven. Ze was geen vrouw en ook geen meisje, meer een tussenvorm, een overgangsfase, een missing link, een meisjesvrouw, vrouwmeisje. Om haar niet schaamteloos aan te staren probeerde ik zo te zitten dat het leek of ik de toespraak van Juniors vader volgde, terwijl ik in feite deze vrouw bekeek als een levende camera van Eibl-Eibesfeldt.

De reden dat Eibl-Eibesfeldt zijn camera hermonteerde was dat hij op deze manier als schijnbaar argeloze toerist het flirtgedrag van vrouwen kon vastleggen. Van Samoa tot Japan, Frankrijk tot Papoea, overal filmde hij flirtende meisjes. Terug in Duitsland stelde hij, beeldje voor beeldje, verschillende stadia van flirtgedrag vast. Eibl-Eibesfeldts bevinding was dat dit gedrag over de hele wereld volgens een vast patroon verloopt: (1) een vrouw glimlacht naar een potentiële beminde en (2) trekt haar wenkbrauwen een eindje op. (3) Haar ogen verwijden zich en (4) ze staart de potentiële beminde even aan. Haar pupillen worden groter. (5) De vrouw slaat haar ogen neer en (6) buigt haar hoofd een beetje opzij en omlaag. (7) De vrouw kijkt een andere kant op. (8) Regelmatig houdt ze haar hand voor haar gezicht. (9) Ze glimlacht achter haar hand, enzovoort. Volgens Eibl-Eibesfeldt is dit gedrag niet aangeleerd maar evolutionair bepaald en aangeboren, sterker nog, het heeft zich miljarden jaren geleden ontwikkeld om seksuele belangstelling aan te geven. Buidelratten, paarden, land-schildpadden, albatrossen en ontelbare andere diersoorten doen overigens min of meer hetzelfde, dus het is niets om ons voor te schamen.

De vrouw/het meisje naast me gaf me zo'n glimlach als door Eibl-Eibesfeldt bedoeld in gedragskenmerk 1 en ver-volgens voerde ze de kenmerken 2 t/m 9 en weer terug uit.

Ik schrok.

Ik schrik altijd als vrouwen naar me glimlachen. Toen ik nog jong was heeft een heel mooi meisje eens heel lief naar me geglimlacht. Ze liep met haar vriendinnen op straat langs me, ze keek me aan, ze bewoog de spieren rond haar mond — en zowaar: de zin van het leven werd me plotseling duidelijk. De lach van dit meisje was de reden dat de wereld draaide. Ik kon niet anders dan haar lach beantwoorden met een als lach bedoelde grimas. Het meisje trok haar wenkbrauwen een eindje op, heel lief. Mijn glimlach werd nog net iets breder. Daarna draaide het meisje zich naar haar vriendinnen en stak ze abrupt haar middelvinger naar me op. Wat of ik me in godsnaam in mijn hoofd haalde.

Na de lunch...
nam Junior zelf het woord. Hij vertelde dat er een dozijn grote en kleinere boten klaar lag voor onze feestelijke vloottocht over het Slotermeer. We mochten zelf bepalen met wie we wilden zeilen, al hoopte hij dat het gezelschap een beetje zou *minge* (Fries leenwoord voor mengen). Toe-

gegeven: ik ben geen enthousiast zeiler. Ludo, Egon, Junior en ik zijn in voorhene tijden regelmatig met een boot de Friese wateren opgegaan, waarbij ik stiekem hoopte dat de wind stante pede zou gaan liggen zodat we de buitenboordmotor konden starten om een beetje egaal over het meer te pruttelen.

Het was als bij het zinken van de Titanic: het hele gezelschap deed een run op de klaarliggende sloepen. Ik bleef afwachtend op de achtergrond, terwijl de echte fanatici bij elkaar in de boten schoten. Argeloos volgde ik Ludo en Egon, toen die vanaf een houten vlonder embarkeerden — nooit gedacht dat ik dit woord eens zou gebruiken — in een *lark, tjalk, windjammer, klipper, jol, schoener, galjoen* of hoe dat drijfhout mag heten. Bleek dat het schip van Ludo en Egon al te vol zat; zeker met Egon erbij begint iedere boot spontaan slagzij te maken. Ik maakte aanstalten om, als die ene laffe officier in *Titanic*, toch nog in een bootje te springen, maar een zelfbenoemde kapitein maakte duidelijk dat hij me in dat geval zou laten kielhalen.

Ik keek om me heen of ik elders nog bekenden zag, maar al mijn oude kennissen zaten al in een boot. Nu ben ik van de Club Tegen Het Ontmoeten Van Nieuwe Mensen (ledenstop), en dus besloot ik dan maar niet te gaan zeilen en in de kampeerboerderij rustig in eenzaamheid wat te lezen of schrijven.

Het werd snel rustiger bij de vlonder; de meeste boten vertrokken richting het open water. Ik wilde teruglopen toen ik werd aangesproken door de meisjesvrouw die tijdens het eten naar me had geglimlacht. Ze stond in haar eentje bij een wel erg kleine zeilboot — laten we het op een jolletje houden — te wachten op eventuele medereizigers. Ze vroeg op de man af of ik met haar mee wilde varen. En ik kondig het hierbij vast aan: deze brief gaat verder uitsluitend nog over haar.

Belangrijk detail. Eén ding over deze meisjesvrouw, iets wat mij op dat moment pas opviel: ze was zwanger. Haar bolle buik stond fier vooruit onder haar blauwe zomerjopper. Ik vroeg me af waarom ik die buik niet eerder had geregistreerd, waarna er tevens in hoog tempo een paar gedachten door mijn hoofd schoten, want het was a) zowel prettig als jammer dat ze zwanger was, omdat b) de potentiële liefdesjacht hierdoor onmiddellijk met het vruchtwater werd afgedreven, hoewel het c) natuurlijk vreemd was dat haar meisjesvrouwenman niet van de partij was, waarmee ik d) overigens niets bedoelde.

Dat ik best met haar wilde zeilen, maar, zei ik in een laffe poging er onderuit te komen...

'Is het niet een beetje een risico om in jouw toestand het water op te gaan? Stel dat je weeën krijgt. Het lijkt me op het water nogal moeilijk baren.'

Ze lachte hartelijk.

'Ik zit pas in mijn zesde maand en ben echt niet invalide of zo,' zei ze, wat ze kracht bijzette door behendig in de boot te stappen.

'Kom,' riep ze.

Onbeholpen sprong ik haar na, waarbij ik net niet overboord sloeg.

'Ik ben Giph,' zei ik, me vasthoudend aan de mast, 'en ik weet niets van zeilen.'

'Ja hállo, ik weet wie je bent: ik heb al jullie shows gezien. Ik weet ook niets van zeilen,' zei ze kalm, 'en ik heet Teaske.'

Teaske. Sta me toe je iets te ontboezemen. Ik word erg week van Friese *famkesnammen.* Alleen al van het woord 'famkesnammen' begint mijn ruggenmerg te gloeien. Hoe vaak gebeurde het niet, vroeger, dat ons oude studentenhuis een nachtelijke braderie organiseerde en dat Junior of een andere noorderling een paar nichtjes of buurmeisjes had uitgenodigd en dat je dan in een vredig intiem samenzijn stond met een meisje dat Durkje heette, of Intje, Fokje, Jantsje, Wikje, Geartsje, Rinske, Nynke, Ibbetje of Douwtje. Zoenen met een meisje genaamd Douwtje moet iedere Nederlandse man verplicht een keer hebben meegemaakt.

Ik kan niet op een boot verblijven zonder dat ik mijn intellectuele vriend Ludo in mijn hoofd hoor zeggen *navigare necesse est, vivere non est*. Waarom Ludo altijd *navigare necesse est, vivere non est* zegt als we in de buurt van een schip zijn is me niet duidelijk, noch waar *navigare necesse est, vivere non est* precies op slaat. 'Varen is noodzakelijk, leven is niet noodzakelijk.' Hoe zou je willen varen als je niet in leven bent, of moet ik me voorstellen dat we je dood aan een roer plakken en maar hopen dat de wind je ergens heen blaast?

Aanvankelijk konden Teaske en ik de andere boten met enige moeite bijhouden. Er stond een stevige bries en na wat gehannes met de touwen, het zeil en de giekbalk kwamen we in beweging, zij het met duidelijk tegenwerking van de boot en het Friese meer. Teaske zat aan het roer en als ze '*ree!*' schreeuwde schoot ik naar de bodem van het bootje om geen doodzwiep van de giek te krijgen.

Tussendoor hadden Teaske en ik een onverwacht openhartig gesprek. Tegelijk met het uitwisselen van persoonlijke details over onze fascinerende werelden, voerden we een overlevingsgevecht met het water, de wind en de anderen.

We waren de meeste boten van de huwelijksvloot uit het oog verloren. Teaske wilde graag via het Slotermeer en het fascinerende dorpje Balk doorsteken naar een plas genaamd de Wyldemerk, omdat daar een kudde wilde paarden in het Gaasterland langs de oevers graasde. Het was even eng laveren bij lage bruggetjes en een nauwe doorgang van twee tussenmeertjes, maar we kwamen in een ruiger stuk water, met verschillende eilandjes, rietzodden en hoog helmgras aan de oevers. Aan de einder zagen we nog net twee schepen waarvan we vermoedden dat ze ook bij het gevolg van Junior en Sipke hoorden, voor de rest waren we hier verlaten van volk. Af en toe bekroop me de angst dat Teaske toch activiteit in haar buik zou krijgen (en dat ik als redder in nood de boot al zwemmend naar de dichtstbijzijnde oever moest trekken), hoewel Teaske daar met haar levendigheid geen enkele aanleiding toe gaf. Steeds keek ik naar haar, zo van schuin-rechtuit-van-opzij, en was erg onder de indruk van haar blakende kop en zwangere lijf.

Ik vroeg waar haar vriend was, niet om het een of ander, maar uit nieuwsgierigheid. Ze had geen vriend, zei ze. Wel had ze een vriend gehad, ooit. Een té onaardige jongen. Deze zin verbaasde me: het woordje té en het feit dat een middelzwangere vrouw geen relatie had.

En was de té onaardige jongen de vader van haar kind, vroeg ik, turend over de Wyldemerk, waarop ze antwoordde: 'Nou ja, een beetje.'

Een *beetje*, dat kan dus niet. God bestaat of God bestaat niet. Een vrouw is bezwangerd door haar ex-vriend of een vrouw is niet bezwangerd door haar ex-vriend. Een derde keuze is niet mogelijk, Ludo zou zeggen dat dit het *tertium non datur*-principe is.

'Ik weet niet wie de vader van mijn kind is,' verduidelijkte ze. 'Vorig jaar heb ik een beetje een wilde tijd gehad.'

Deze woorden bleven hangen boven het water.

Ik keek naar Teaske.

Ze keek terug met Eibl-Eibesfeldts glimlach nr. 1.

Ze had dus geen vriend. Maar ze was wel zwanger.

'Goh,' zei ik.

'Wat bedoel je "goh"?'

'Nou ja, het vooruitzicht dat je in je eentje een baby gaat

krijgen. En dat je niet weet wie de vader is. Heb je ooit overwogen om het kind niet te houden?'

Ze had dit gesprek zo te horen vaker gevoerd.

'Ach,' antwoordde ze, 'de gouden regel van de psychologie luidt: in tijden van crisis geen belangrijke beslissingen nemen.'

Het leek haar verschrikkelijker om een kindje weg te laten halen en er vervolgens achter te komen dat ze het toch had gewild, dan andersom.

'Ik verlang niet naar een baby, maar ik verlang ook niet-niet naar een baby,' zei ze (in het verlangen naar een kind is een derde keuze inderdaad een mogelijkheid).

Ze zei op haar beurt dat ze ergens had gelezen dat ik een relatie had met een arts en dat we een kind hadden.

'Je bent dus al vader,' zei ze.

Ik vertelde over Samarinde, over onze miskraam op het toilet in La Palma en ons verheffende samenzijn in Leavefrede. Het gemak waarmee ik hierover praatte, verbaasde me zelf ook. Nadat ik was uitverteld, gingen we overstag, omdat we gevaarlijk dicht bij een onbewoond eilandje kwamen.

'Je hebt dus een kinderwens én je bent vrijgezel,' zei ze, toen ik me weer van de bodem van ons jolletje had opgericht. Ze maakte het nadenkende geluid 'hmmf'.

Ik bloos helegaar niet snel, maar toen bloosde ik. Volgens Freud is blozen een vervangend exhibitionisme; de blozer wil eigenlijk de geslachtsdelen tonen en gebruikt het gezicht als vervanging. Teaske vroeg zich ondertussen af waar de anderen van onze armada konden zijn. Het was half vijf, tijd om zo langzamerhand terug naar State Donia te zeilen. Ik spiedde over het water naar zeilboten, maar zag er geen.

'Weet jij welke kant we nu op moeten?' vroeg ze.

Ik wees in de richting waar ik dacht dat Woudsend lag.

'Niet dan?' zei ik, toen ze haar hoofd schudde. Teaske

wees in tegenovergestelde richting.

'Maar ik ben zwanger, en zwangere vrouwen schijnen door al die hormonen hun richtinggevoel kwijt te raken.'

Nu was het mijn beurt om 'hmmf' te zeggen.

Half zes

De wind in ons zeil bracht ons naar vele hoeken van de Wyldemerk, maar we konden de doorgang van waaruit we waren gekomen niet meer terugvinden. Het was een mooie voorzomeravond en hoewel het de hele dag goed had gewaaid, ging de wind nu snel liggen. Ik maakte aanstalten om de buitenboordmotor te starten en in een straf tempo het hele meer af te varen op zoek naar de uitgang. Bleek ons scheepje geen buitenboordmotor te hebben. Een zeilboot zonder motor, hoe verzinnen ze het? We probeerden beiden met ons mobiele toestel te bellen naar het kampeerfront, wat niet lukte omdat we nergens bereik hadden. En terwijl ik me zorgen begon te maken, hield de wind het helemaal voor gezien. Kalm dobberden we midden tussen de verlaten eilandjes en wilde graspluimen. Het werd half zeven. In Woudsend was men zich nu vast aan het bepoederen voor het diner.

Teaske leek zich geen zorgen te maken. De giek en het doelloos lubberende zeil had ze met een touw vastgezet. We dobberden. Ik vroeg wat zwanger in het Fries was. *Swier.*

'Maar ze zeggen ook wel: *hja hat de bout al wei.* Dat betekent zoiets als: zij heeft de stop eruit.'

'De stop eruit? Goeie omschrijving,' hoorde ik mezelf zeggen, al snapte ik er eigenlijk geen jota van.

Teaske zat met haar benen ver uit elkaar, haar handen rustten op haar buik. Haar jopper had ze uitgetrokken. Ze zag dat ik naar haar buik keek en omdat ze dit zag begon zij met beide handen over de stof van haar trui te wrijven.

'Mooie buik, hè?'

Ik knikte. 'Mooie buik, en je draagt hem ook met gratie. Ik hou van de loop van zwangere vrouwen. Statig, gracieus en een beetje log.'

'Zeg maar met O-benen. Weet je hoe ze het in het Fries noemen als een vrouw wijdbenig loopt? *Dy hat der noch grif in eintsje yn fan justerjoun.*'

'En dat betekent?'

'Zoiets als: zij heeft er vast nog een stukje van gisteravond in zitten.'

'Hmmf... En is dat zo?' vroeg ik, waarna ze me Eibl-Eibesfeldts flirtgedrag 5 t/m 9 gaf.

Half acht

Ik vroeg of ze echt niet wist wie de vader van haar kind was. Teaske vertelde over een vakantie in Rome. Zij en een vriendin werden na een dronken middag in een café door twee Italiaanse studenten meegelokt naar een kelder waar het dispuut van deze jongens een soort geheim inwijdingsritueel hield. Bij wijze van hoge uitzondering mochten Teaske en haar vriendin dit schouwspel gadeslaan, maar echt bij wijze van hoge uitzondering. Alle jongens waren gemaskerd.

'Natuurlijk,' zei ik.

Er stond een mechanische rodeostier, waarop de jongens zich zittende moesten zien te houden. Iedere keer dat een student van de stier werd geworpen moest hij een kledingstuk uittrekken. Uiteindelijk waren vele jongens naakt, en vervolgens kwam...

'Natuurlijk.'

...het moment dat Teaske en haar vriendin ook op de stier moesten plaatsnemen. *When in Rome...* Het beest bleek overigens zeer moeilijk te berijden.

'Ik schaam me er nog steeds een beetje voor,' zei ze, 'maar uiteindelijk stond ik helemaal naakt tussen een stuk of vijftien jongens...'

'Natuurlijk.'

'En toen... Nou ja...'

'Toen was je zo opgewonden dat je je door al die spaghettivreters tegelijk...' zei ik.

'Niet waar,' ging ze glimlachend verder. 'Maar door een stuk of drie. Ik was een beetje dronken...'

Ze keek me aan en zei even niets. Ik keek haar aan.

'Oké, ik heb er geen seconde spijt van dat ik me zo heb laten gaan. Al mijn vriendinnen hebben er fantasieën over het een keer met meer dan één man te doen; en ik heb het gedaan. En het was echt heel erg spannend en opwindend, en op een bepaalde manier ook erg... normaal. En ook erg ontluisterend, dat is het gekke. Op één avond heb ik met hooguit vier jongens gezoend – dat had ik van tevoren ook niet bedacht, maar het gebeurde wel. Ik heb, wat ze hier noemen, meerdere keren *fan de prikke slikke*, en jezus, wat voelde dat goed. Kijk je daarop neer?'

Ik denk dat ik op dat moment dacht van wel.

'Eh nee, helemaal niet.'

'Ik denk dat ik het nooit weer zal doen, maar ik ben blij dat ik het heb meegemaakt.'

'En is een van die Italiaanse jongens nu de vader van je kind?'

Ik keek naar haar buik. Teaske wreef er met haar handen liefdevol overheen.

'Zou kunnen. Maar de vader van mijn baby zou ook iemand uit Nederland kunnen zijn.'

Ik knikte.

'Vind je me nu een slet?'

'Nee,' zei ik, 'of eigenlijk: ja, maar eerlijk gezegd boeit het me altijd zeer als een meisje zich zo gedraagt. Daar schaam ík me dus niet voor.'

Nu knikte zij.

'Wat is het Friese woord voor slet?' vroeg ik.

'*Klitse*,' zei ze. 'Of *klongel*. Of *skeuk*.'

'Klitse, klongel of skeuk. Dan klinkt slet toch een stuk beter.'

Met de snelheid van een kwart knoop per kwartier dobberden we in de richting van een schijnbaar onbewoond eilandje. Niets dat we daaraan konden doen. Er stond een dukdalf, waar we recht op afstevenden. Op het eiland was een houten hutje gebouwd, beschut door enkele hoge struiken en kleine boompjes. Toen we aanmeerden tegen de paal sprong ik uit de boot op de zachte klei, waarna ik de boot zo dicht mogelijk naar het land trok. Teaske legde een touw om de dukdalf en sprong me achterna.

Ik ving haar op, en dit was de eerste keer dat we direct fysiek contact hadden. Nadat ik haar had losgelaten, vroeg ik wat 'vrijdag' was in het Fries.

'*Freed*,' zei ze.

Inbreken in het hutje bleek niet zo moeilijk, er zat geen slot op de deur. Dat kon op dat eiland nog gewoon. Binnen stonden twee stoelen, er lagen dekens op een kleine twijfelaar, er waren gaslampen en in een kast vonden we een zak pinda's, een worst, crackers, een pot jam, een jerrycan met water en zelfs een fles wijn. Ik inspecteerde het eilandje – Odysseus na een lange reis eindelijk behouden terug op het eiland genaamd Ithaka – terwijl Teaske voor ons allebei een glas cabernet inschonk. Het water uit de jerrycan durfde ze niet te drinken, alcohol leek haar voor haar baby minder schadelijk dan de legionellabacterie. In Woudsend zouden velen zich inmiddels ongerust om ons maken, maar dat was de schuld van de wind en niet van ons.

Het begon licht te schemeren. Ik tilde twee stoelen uit het hutje, en met een bord op schoot keken Teaske en ik naar het kabbelende water van de Wyldemerk. Waarom is het zo dat de meest onschuldige uiting van liefde, zoenen, naarmate we ouder worden steeds meer door taboes wordt geplaagd, terwijl de meest perfide uiting van liefde, penetratie, steeds vanzelfsprekender wordt? Vroeger zoende je een meisje om het zoenen, maar tegenwoordig is een zoen een *point of no return*. Ik denk dat er daardoor minder wordt gezoend. Deze mening deelde ik met Teaske. Ze kon me goed volgen, zei ze, ze was het helemaal met me eens.

'Wat is kussen in het Fries?' vroeg ik, zo achteloos mogelijk. Voor het plaatje: onze stoelen stonden niet heel ver uit elkaar, de zon was duidelijk aan het zakken in het kabbelende meer. De boot deinsde rustig op het water, peterselie groeide in de achtertuin.

'*Tútsje* is zoenen. Of *patsje*. En een kus is een *tút*, of ordinair gezegd een *smok*.'

Teaske draaide zich naar me toe.

'Hoezo eigenlijk?' vroeg ze. 'Ga je me tútsjen?'

Even keek ik haar zwijgend aan, waarna ik me langzaam in haar richting boog.

'Ja,' zei ik. 'Ik denk het wel.'

'Eet honing, mijn zoon, want dat is goed, honingzeem is zoet voor uw gehemelte' (Spreuken 24:13).
Ze smaakte naar honing, ze zoende zoet en heet. Kussen met een zwanger meisje; het had iets onverholen opwindends, daar schaam ik me dus niet voor. Haar borsten waren groot en stevig, en toen ik ze in mijn handen nam, zuchtte ze luidruchtig en probeerde haar lichaam ferm tegen me aan te drukken. Laat me je vertellen: er is geen verschil in Nederlands en Fries kreunen. Ik liet mijn handen zakken en wreef over haar buik, die mooie bolle blakende buik van haar, die blinde reiziger onder het hart van een Fries meisje. Terwijl de zon helemaal onderging, ging de stop eruit en leerde Teaske me bij het zachte licht van een olielamp de Friese woorden *nodzje* (lekker pakken, liefkozend duwen), *kardzje* (ruw wrijven), *eintsje*, *strykstok*, *boechspryt* en *dyn hurde kul*, enzovoort. Ik weet niet

of je fetisjistisch bent, maar ik zal niet uitweiden over de gebenedijde liefdeslust die ik met Teaske had. Tijd om de speciale lens van Irenäus Eibl-Eibesfeldt op mijn pen te schroeven: ik zal niet schrijven over hoe we de nacht verder doorbrachten.

Een schrijfster wier naam ik volslagen ben vergeten, heeft in een boek dat ik me met de beste wil niet meer voor de geest kan halen, een onvergetelijke zin geschreven over de koesterende bescherming van het dorp waarin ze opgroeide: 'Er is geen daar daar.'

Teaske en ik waren op ons geleende Friese eiland van Junior & Sipke & Egon & Ludo & iedereen verlaten. Woudsend, de sketches, de speechende ooms, de deejayende neven en het gebral van de gangmakers waren onmetelijk ver weg, net als de rest van de wereld, mijn vrienden, mijn appartement, het verleden en de vrouw wier naam ik niet meer zal noemen. Er was geen daar daar, maar wel had ik de stellige overtuiging dat het ontbreken van dit daar daar tussen Teaske en mij nog lang zou duren, langer dan dat ene kortstondige verblijf op dat onbewoonde eiland. Ik geloof namelijk dat ik die nacht vader ben geworden.

DE GODDELIJKE BULDERLACH

Het heelal werd geschapen door een goddelijke bulderlach. Uit deze donderende oerschater ontstonden licht, water, aarde, geest, creativiteit, treurigheid, angst en vreugde. Iedere keer als de mensen op aarde lachen laat hun Schepper Zijn bestaan voelen. Het moet een geweldig vrolijk volk zijn geweest dat in deze kosmogonie geloofde.

Tegenwoordig lachen mensen gemiddeld nog maar zes minuten per dag en dat is beduidend minder dan in voorgaande decennia. Kinderen doen het dagelijks ruim vierhonderd keer, volwassenen op z'n hoogst vijftien en bejaarden vrijwel nooit. Ik wens je toe dat je zo lang mogelijk blijft schateren, vriend, want sterven is stoppen met lachen.

Door te lachen ondergaat het menselijk lichaam een chemische reactie die de activiteit bevordert van vechtersbazen genaamd *natural killer cells*. Deze witte bloedcellen spelen een belangrijke rol in het immuunsysteem en ze helpen ziekten voorkomen en bestrijden. Lachen wapent de mens tegen virussen en kwaadwillende cellen. Ook komen er pijnstillers vrij, wordt de bloeddruk verlaagd en neemt de bloedstroming toe.

Voor mij — of ik kan beter zeggen voor *ons* — is dit een economisch gegeven. Wij zijn handelaren in humor. Al meer dan twaalf jaar lang geven wij avond aan avond de toeschouwers van onze theatervoorstellingen een grote dosis plezier en luim. Wij zijn dealers van de lach. Wij helpen ziekten bestrijden en voorkomen. We brengen mensen terug naar de bron van hun bestaan. En zo leuk is dat helemaal niet.

Tijdens onze eerste shows hield ik voor eigen gebruik een tourjournaal bij over wat er tijdens onze optredens gebeurde, aangevuld met restaurantbonnetjes, tekeningen en invallen voor de show. Een van de dingen die ik destijds opschreef schiet me zo'n beetje dagelijks te binnen: 'Het houdt nooit op.' Dit slaat op onze strooptocht naar humor. Waar ik ook ben en met wie ik ook omga: bewust en onbewust ben ik altijd gespitst op vondsten. Wij hebben een niet te blussen behoefte aan grappen en invallen voor onze show, onze columns, schnabbels en tv-optredens. Al jaren wordt mijn leven beheerst door de dwingende vragen: Waar zit de grap? Kan ik hier iets mee? Zal ik dit jatten? Hoe maak ik hier humor van? Is dit grappig? Is dit vergezocht? Hoe is dit hilarisch te krijgen? Hoe krijg ik mensen aan het lachen? Hoe krijg ik mensen in godsnaam aan het lachen?

Ik heb uit mijn tourjournaal nog een restaurantbon van een jaar of negen geleden. We waren halverwege het schrijven van ons tweede theaterprogramma (getiteld *Na de pauze groepsseks!*). Egon, Ludo en ik zaten op Junior te wachten in een door Junior uitgekozen restaurant. Het was er chic, anders dan de Chinees-Indiërs waar we normaal aten voorafgaand aan optredens. Deze etentjes noemde ik 'het optreden voor het optreden'. Wachtend op de babi pangang troefden we elkaar af met grappen, we betrokken restaurantgasten in onze spontane sketchjes, we zongen, we repeteerden, het waren momenten die soms meer voldoening gaven dan de eigenlijke show.

In het door Junior uitgekozen chique restaurant waren we plotseling opmerkelijk stil. Een ober kwam melden dat onze tafelgenoot had laten weten dat hij verlaat was, wat erop duidt dat dit zich afspeelde in het onvoorstelbare tijdperk dat wij uit een soort artistiek protest nog geen mobiele telefoons hadden. Onwennig bestudeerden we de kaart, de wijnen en de mensen om ons heen. Twee tafels verderop bleek Joop van den Ende te zitten, die verheugd opkeek toen hij ons zag. De theatertycoon veerde op en kwam enthousiast op ons af, met vooruitgestoken hand.

'De drie jongste cabaretiers van het land, zomaar in het wild!' riep hij energiek. 'Ik heb vorige maand jullie show gezien, wat een klasse! Wat een belofte voor de toekomst! Jullie zijn een vulkaan die op uitbarsten staat!'

Ik moet bekennen: ook wij veerden op. Hoewel we het er nooit over hadden gehad hoorde Van den Ende uiteraard tot het kamp van onze natuurlijke tegenstanders, maar we hadden nooit gedacht dat hij zou weten wie wij waren, laat staan dat hij onze voorstelling had gezien.

'Mag ik de nu al illustere Smuldersen iets te drinken aanbieden?' vroeg hij. 'Dat zou me een grote eer zijn.'

In een vloeiende beweging hield hij een ober staande om met een wereldwijze intonatie een fles Chassagne-Montrachet Premier Cru 1994 voor ons te bestellen. We hadden nog nooit Chassagne-Montrachet gedronken. We hadden nog nooit van Chassagne-Montrachet gehoord.

Toen Junior twintig minuten later arriveerde werd hij ontzettend kwaad dat we deze wijn hadden aangenomen.

'De hufter,' zei hij binnensmonds, 'die fles kost meer dan de hele maaltijd.'

Hij pakte de wijn uit de koeler en schonk zichzelf een glas in, proostend naar Van den Ende, die verderop glimlachend terugknikte. Die avond namen we het besluit om ons eigen agentschap te beginnen. Junior had ons het eerste seizoen als vriendendienst zakelijk bijgestaan met de contracten die we hadden gesloten met een raarbebrilde schouwburg-kiloknaller. Het kan allemaal veel beter, hield Junior ons voor. Om onze beslissing met onszelf in zee te gaan luister bij te zetten vroeg Junior een ober om Van den Ende na het dessert een kopje koffie aan te bieden.

Eerder vanmorgen
In de bar hing een verwachtingsvolle spanning. Het was er druk, veel zakenmannen met reistassen, gezelschappen. Achter de toog stonden drie barmannen, een van hen zag eruit alsof hij een paar plakken gesmolten roggebrood op zijn hoofd had. De man knikte mij vriendelijk toe, voordat ik onze technici Govert en Zwitserse Frank kon begroeten. Hun glazen bier waren bijna leeg, dus ze zaten er al even. Dat is een vast patroon: de techniek arriveert als eerste op een te veroveren plek, daarna verschijn ik, dan Egon, dan Ludo, en Junior komt als laatste, áls hij al komt.

We hadden afgesproken in het bruine café in de vertrekhal omdat we te veel onnodig bekijks zouden trekken als we gedrieën zouden inchecken. Dat is iets wat we de afgelopen jaren hebben geleerd: wanneer we ons ergens als Groep Smulders vertonen loopt dat vaak uit op straattheater, gratis voorstellingen, oploopjes. Een meisje wil dat we alle drie haar buik signeren, een jongen wil een handtekening op zijn voorhoofd, een vrouw geeft haar telefoonnummer, een man komt vertellen dat we enorme losers zijn — we hebben het allemaal meegemaakt.

De barman met het roggebrood op zijn hoofd vroeg hoe het met me ging. In zijn ogen zag ik dat hij dacht dat hij & ik elkaar persoonlijk kenden, iets wat me vaker overkomt. Ik oog als die aardige buurman van verderop, die attente bediende van de kaaswinkel. Misschien dacht de barman dat ik een steward of piloot was.

'Waarheen gaat de vlucht?' vroeg hij, toen hij drie nieuwe biertjes had neergezet.

'Dat is een verrassing,' antwoordde Govert voor mij.

'Maar we vliegen met Icelandair, dus een heel groot raadsel is het niet,' vulde Zwitserse Frank aan.

De man knikte.

'Ik denk dat we naar IJsland gaan,' zei ik.

De man keek mij aan, met het begin van een glimlach.

Vorige week...
speelden we in De Kleine Komedie de tweehonderdacht-enzeventigste en godzijdank allerlaatste voorstelling van de reprise van onze show *Belachelijk!*. Nooit meer dit programma. Een dernière gaat gepaard met een cocktail van emoties: grote opluchting, diepe bevrediging, ontred-dering, bescheiden verdriet. Na hem zoveel keer te hebben gespeeld kennen we de show beter dan we onszelf kennen; van iedere syllabe, iedere stilte en iedere lettergreep ken-nen we alle denkbare nuances. De voorstelling is inmid-dels veel groter dan toen we begonnen met try-outen en vertegenwoordigt ook een denkbeeldige landkaart van Nederland en België.

In Gent werden we vijf keer teruggeklapt. In Goes ston-den dertig mensen demonstratief op en liepen weg. In Roermond tongzoende Ludo met een meisje op het podium (hij zei later tegen de regionale omroep dat dit bij de show hoorde). In Gouda struikelde de directrice van de schouw-burg toen zij ons bloemen kwam brengen. De dag daarna kwam ze op krukken. In Groningen werden we voortdu-rend begeleid door drie bewakers, omdat een militante studentengroepering op internet 'serieuze dreigementen' had geuit (althans, volgens de politie en Junior). In Arn-hem kreeg Egon mot met een toneelmeester, die hem had gezegd dat hij meer hield van Mini & Maxi. In Utrecht zaten drie nonnen in de zaal. In Purmerend gooiden scho-lieren dingen op het podium, waarna we de grootste rad-draaier op het podium hebben gehaald om hem een uur lang ongenadig af te zeiken, zonder – belangrijk – dat we daarbij de sympathie van de zaal kwijtraakten. In Stadskanaal vergat ik mijn cue omdat ik in de coulissen stond te bellen met Teaske. In Nijmegen probeerde Ludo te crowdsurfen, wat hem lukte: hij werd door het publiek letterlijk op handen gedragen. In Dordrecht hoorde Ludo vlak voor de voorstelling van Pam dat zij weer zwanger was, waarna hij zo dom was dit met de zaal te delen. Na afloop van het optreden werd hij door Pam gebeld: ze had de predictorstift niet goed begrepen. Maar het was al te laat: er verscheen een bericht op een roddelsite. In Den Haag vroeg een jongen, door ons daartoe uitgedaagd, zijn liefje ten huwelijk. Inmiddels hebben we de uitnodiging voor het feest binnen, met uiteraard de vraag of we een sketch kunnen doen. In Breda... nou ja, zo voegt ieder optreden een nieuw hoofdstuk toe. Met een dernière nemen we afscheid van iets dat nooit meer terugkomt.

Bij onze vorige programma's gaven we na de laatste voorstelling een groot feest voor medewerkers en collega's, maar deze keer moesten we hiervan afzien omdat Egon en Ludo de ochtend na de show al om half zeven op een set werden verwacht voor gastrolletjes in een Vlaamse cultthriller over een homoseksuele serieverkrachter.

'Dat kunnen jullie natuurlijk niet missen,' zei Junior. 'Ik heb een veel beter idee: ik trakteer de hele productie op een korte vakantie, op een waardig slot.'

Hij wilde geheimhouden waarheen de reis ons zou voeren, maar in het draaiboek dat we van het impresariaat kregen stond als kledingadvies: 'Het meenemen van warme jassen en stevige schoenen wordt aanbevolen voor de jeepsafari en de boottocht. Verder een waterbestendige broek, handschoenen, muts en zonnebril.' En Junior heeft de hele week het complete oeuvre van Björk geneuried, wat toch ook het nodige deed vermoeden.

Ludo, Egon en Junior arriveerden tegelijkertijd in de bar van de vertrekhal. Terwijl Junior verderop bij een bank geheimzinnig 'buitenlandse valuta' ging halen, speelden de gebroertjes Smulders een geïmproviseerde sketch genaamd 'twee Rotterdammers komen een café binnen'. Veel wachtende reizigers keken op, een barman zag het schaterend aan.

Zonder een al te grote aanslag op mijn zelfkennis te plegen durf ik te stellen dat ik de rustigste van de drie ben. Ludo en Egon grossieren al zo lang ik ze ken in typetjes en stemmetjes, ze kauwen accenten na, ze roepen, musiceren en zingen, ze trekken rare gezichten en lachen onbedaarlijk, ze maken grappen in onze oefenstudio, ze maken grappen op straat, ze maken grappen in de tourbus, ze maken grappen in de kleedkamer, ze maken grappen in restaurants, ze maken altijd onophoudelijk overal grappen en — eerlijk is eerlijk — vaak zijn ze op het briljante af ad rem.

'Sorry, ik mocht van Pam die Rotterdammer niet meer doen,' zei Ludo, toen hij naast Zwitserse Frank ging zitten. 'Ik moest even.'

'Mocht jai die Rottardammar niet meer doen, joh?' vroeg Zwitserse Frank, maar als hij accenten gaat nadoen is het meteen een stuk minder grappig.

Junior kwam terug met een envelop in zijn hand.

'De oorlogskas,' riep hij.

Hij pakte een kruk.

'Grappig, het meisje van de bank zei er uitdrukkelijk bij dat ze wel euro's mochten inruilen voor IJslandse kronen, maar niet andersom. Daar doen ze sinds de kredietcrisis niet meer aan. Dit pakket moet er de komende dagen dus helemaal doorheen,' zei hij, een biertje aanpakkend. 'De volledige tien euro.'

Op dat moment hield een buikige middelbare man op een paar meter afstand van ons stil.

'Hé! Groep Smulders!' riep hij, alsof hij bang was dat wij onze eigen naam waren vergeten. 'Ouwe grasnaaiers!' voegde hij eraan toe, waarna hij schaterlachend doorliep. Dit had te maken met iets dat een tijdje terug gebeurde. Eh, zou zijn gebeurd. Als tegenprestatie voor een gratis metalen hulpstuk voor het decor moest Groep Smulders opdraven in de skybox van een groothandelaar in ijzerwaren.

Er werd op mijn komst niet gerekend, hadden Ludo en Egon mij vooraf verzekerd. Egon zei dat ik thuis kon blijven, maar ik besloot om toch te gaan, want ik was eraan toe om na een afmattende zomer in het ziekenhuis weer eens tussen veertigduizend mensen te zijn.

Bij de hoofdingang van het stadion werden we opgewacht door een blonde vrouw genaamd Carlène, 'hoofd stadionactiviteiten' van het bedrijf dat ons had uitgenodigd. Van tevoren hadden we besloten om in de pauze van de wedstrijd geen gratis optreden te doen. Dat is iets wat altijd van ons wordt verwacht. Maar toen kwamen er twee vrouwen in de skybox: een Italiaanse schrijfster en een bevriende redactrice van *Studio Sport*.

'Halló zeg, wie zijn dát?' zei Ludo.

'Halló zeg,' herhaalde Egon.

Zich vriendelijk verontschuldigend wurmden de vrouwen zich langs ons. Toen ze eenmaal zaten kon de wedstrijd beginnen. En dan niet die op het veld. Onze wedstrijd heette: wie is er hier nu eigenlijk het grappigst?

In de pauze deden we dus toch een korte act voor het publiek van de skybox. Ik hoorde de redactrice tegen de Italiaanse zeggen: *'They are so funny.'*

Na de wedstrijd bleven we hangen. Ik sms'te Teaske dat ik later zou terugkomen dan gepland. Het was lang geleden in mijn leven dat ik zo'n sms had gestuurd (de ontvanger was toen Samarinde). Het was Carlène die mijn glas bijschonk en vertelde dat ze als hoofd stadionactiviteiten moest blijven zolang er gasten waren. Skyboxen hadden geen sluitingstijd, legde ze uit, zichzelf ook inschenkend.

'Maar moet je morgen niet naar je werk?' vroeg ik.

Ze keek me uitdrukkingsloos aan.

'Dit is mijn werk,' zei ze, waarna ze een half glas achterover sloeg. Misschien was het de alcohol, maar ik vond haar een stuk aantrekkelijker dan in het begin van de avond. Wat ik me van die avond herinner: Egon kwam naast me zitten. Hij legde zijn arm om me heen en zei, lodderig maar gemeend: 'Het is goed dat je weer terug bent, man.'

Ja, goed dat ik terug was.

Ik legde mijn arm over zijn schouder en zo zaten we, tot de redactrice terugkwam van een bezoek aan het toilet. Vrouwen gaan voor de zware gesprekken.

Tweeënhalf uur na het laatste fluitsignaal waren we nog met z'n zessen over: de redactrice, de Italiaanse, Ludo, Egon, Carlène en ik. We zaten op de tribune in het verder verlaten stadion, dat louter werd verlicht door het maanlicht, de sterrenhemel en de nachtelijke gloed van de stad. De geluiden die we veroorzaakten weergalmden in het enorme donkere holle. De geur van bespeeld gras in het donker.

De verstilde sfeer op de plek waar een paar uur eerder nog 45.000 mensen hadden gejoeld en gejubeld, bleek niet besteed aan de gebroeders Smulders. Of het een weddenschap was weet ik niet, maar Ludo en Egon troonden op een bepaald moment de redactrice en de Italiaanse via een klauterpartij mee naar het veld. Wat er op de middenstip allemaal gebeurde kon ik in het donker niet ontwaren, maar op een gegeven moment hoorde ik Ludo roepen: 'Vaginare necesse est!' gevolgd door een gillende lach van de Italiaanse.

Carlène toonde me ondertussen een fles spumante en gebaarde of ze me mocht bijvullen. Ik hield mijn glas

omhoog. Misschien was het de alcohol, maar ik vond Carlène welbeschouwd een ongelooflijke spetter. Zoals ze
naar me keek, haar haar in haar nek gooide en lachte om
mijn grapjes. Lang geleden dat een vrouw zo om me had
gelachen.

Enfin, soms kijk ik op mijn eigen leven terug zoals
kinderen een poppenkastvoorstelling bijwonen: schreeuwend, aanwijzingen roepend, zich niet neerleggend bij
het onafwendbare. 'Nee Jan Klaassen, je moet niet met
haar naar die middenstip! Nee! Weg die arm! Niet haar
bril opzetten! Denk aan Teaske! Denk aan het ziekenhuis!
Niet doen!'

In tegenstelling tot alle kinderinterventies uit het verleden, trok mijn Jan Klaassen zich wel iets aan van het
geschreeuw, door – ik denk dat een klein applausje hier
wel op zijn plaats is – géén versierpoging te doen. Gedwee
liet ik Carlène mijn glas bijschenken. Ze schonk ook zichzelf bij.

Samen keken we in het donker.

'Ben jij weleens 's nachts op het veld geweest?' vroeg ze,
achteloos en met een niet geheel eerbare ondertoon.

'Jij?' vroeg ik.

Even keek ze me glimlachend aan.

'Ik denk niet dat mijn werkgever dat als mijn werk ziet.'

Ik knikte, nam een slok en dacht aan Teaske.

Inmiddels waren we ook de anderen helemaal uit het
oog verloren, maar niet uit het oor, want hun stemmen en
geluiden trokken zwierige banen door het stadion. Daar,
in de verte, bevonden zich mijn collega's, een medewerkster van *Studio Sport* en een Milanese journaliste, in het
midden van de door verre sterren, slap maanlicht en een
bijna onzichtbare nachtelijke stadsgloed beschenen gras-
mat. Nogmaals, ik ontken verder alles, ik heb niets gezien.

Een week hierna...
kreeg ik 's avonds om een uur of tien een sms, vlak voor
het eind van ons eerste optreden na de zomerstop. Dat was
in de schouwburg van Nijmegen. Ik stond in de coulissen
met Ludo te wachten op een act van Egon, en zag vanuit mijn ooghoek mijn mobieltje oplichten. Omdat ik een
halve minuut had pakte ik werktuigelijk het toestel, in
de verwachting dat Teaske mij iets had gestuurd. Ik zat
nog in de fase dat ik bij ieder telefoontje of sms'je dacht:
dit wordt het bericht dat mijn leven zal veranderen. Het
nummer dat ik op het schermpje zag stond niet in mijn
geheugen.

Destijds noemden we het in een van onze shows de
Tweede sms-Hoofdwet: als een vrouw na acht uur 's avonds
een sms stuurt aan een man die niet haar partner is, is
dat altijd flirterig bedoeld. Deze wet is een uitbreiding op
de Eerste Hoofdwet: als een man een sms stuurt aan een
vrouw heeft hij altijd een bijbedoeling, ongeacht hoe laat
hij zijn berichtje stuurt.

*'Precies een week geleden zat(en) jij(ullie) in het sta-
dion. Mooie avond was dat. Vaker komen! ☺ xxx Carlène'*,
las ik op mijn schermpje.

In godsnaam, hoe flirtten onze voorouders in vroeger tijden, toen de *short message service* nog niet bestond? Hoeveel uren hebben zij al die eeuwen verspild aan heimelijke
blikken, aan handgeschept papier dat beschreven moest
worden met een ganzenveer gedoopt in bloed, aan postdui-
ven, chaperonnes, postillons d'amour, lange wandelingen,
roeitochten, dure boeketten, bonbons en andere ingewik-
kelde hofmakerij? Zou de hegemonie van het digitale
tekstbericht de gemiddelde tijd vanaf het moment van de
ontmoeting tot aan de daadwerkelijke consummatie hebben bekort? Hoe makkelijk is het tegenwoordig om in één
à twee simpele boodschapjes duidelijk te hinten wat de
bedoeling is? Als twee mensen met elkaar communiceren

en de een probeert bij de ander zijn liefdeskansen te peilen, wordt er altijd een ingewikkeld en gevaarlijk spel gespeeld tussen 'het letterlijke' en wat in het Frans *le non-dit* heet, het niet-gezegde. In een gesprek gaat dit onuitgesprokene gepaard met blikken, bewegingen, ondertonen en intonaties, maar bij sms-verkeer is voor dit soort subtiliteiten nauwelijks plaats. Een vrouw stuurt een man een bericht en benadrukt gevaarlijk snel de kern van haar boodschap. 'Vaker komen?' biedt ze aan.

Vlak voordat ik vanuit de coulissen weer het podium op stormde stuurde ik Carlène een vriendelijke, grappige sms terug, met de boodschap dat ik voorlopig niet meer bij het voetbal kwam. Volgens Mark Twain is het verschil tussen het juiste woord en het bijna juiste woord het verschil tussen een bliksemschicht en een vuurvliegje. Ik moet een totaal verkeerde toon hebben aangeslagen, want later die avond stuurde Carlène me afgemeten: 'Dat is dan duidelijk.'

Of er een verband is weet ik niet, maar de volgende dag verscheen op HufterProef het eerste bericht over de vermeende gebeurtenissen op de middenstip. Uit betrouwbare bron had men gehoord dat cabaretgezelschap Groep Smulders zich in een leeg stadion had vergrepen aan buitenlandse journalistes.

Ludo en Egon reageerden zoals ze op alles reageren: met een stroom hilarische grappen. Onderling hebben we het er nooit over gehad, maar ik geloof niet dat de relaties van Ludo en Egon erg onder de roddels hebben geleden. De enige die om opheldering vroeg was Teaske.

'Ik hoor op de radio verhalen over jullie,' zei ze, vlak nadat het bericht op RandDebiel had gestaan. 'Over seks in een leeg voetbalstadion...'

Ik ging bij haar zitten.

'Zou dat je bezighouden?' vroeg ik.

Even was ze stil.

'Zou ons dat bezighouden?' vroeg ze aan het jongetje dat op haar borst lag te slapen.

Bij de gate...
stelde ik vast dat het voor een achteruitstrevende conservatief een heerlijk deprimerend beeld moet zijn om reizigers op z'n moderns te zien wachten. Vroeger was wachten een opgave en loutering tegelijk. Tegenwoordig bestaat het werkwoord niet meer, omdat mensen te allen tijde kunnen doorgaan met hun dagelijkse bezigheden. Om me heen bij de slurf werd gemobield, gegamed, gesurft, gemaild, gesms't, genetwerkt, gelivestreamd. Egon chatte met zijn nichtje, Ludo skypete met Pam, Zwitserse Frank twitterde met iemand over een lichtstand en met wie Govert facebookte werd mij niet duidelijk. Alle communicatie werd overstemd door een lastminute-*conference call* van Junior, die in beraad was over een zakelijke kwestie, die hem erg bezighield. Ik hoorde hem dingen roepen over concurrente crediteuren, kettingbeding en renvooiprocedures.

Toen lichtte ook mijn telefoontoestel op, goddank, want ik voelde me een verstotene, zoals ik eenzaam en digitaal-gedepriveerd zat te lezen in — godbetere het — een *boek* van *papier.*

'Héj...' nam ik aan, met een zelfbedachte IJslandse tongval. 'Hoe is het nu?'

'Ben je al waar je moet zijn?' vroeg Teaske, zonder mijn vraag te beantwoorden.

'Nee gek, ik ben krap anderhalf uur weg.'

Ze zuchtte diep.

'Gaat alles goed?' vroeg ik.

Ze gaf geen antwoord.

'Hoeveel cc inmiddels?'

Ze zuchtte nogmaals.

'420. Met moeite. Maar zonder sonde.'

'Oké, dat is best goed.'

'Zonder sonde,' herhaalde ze, alsof het een klankgedicht was. 'Zonder sonde, zonder sonde, zonder sonde.'

'Weet je zeker dat je het aandurft?' vroeg ik. 'Ik kan nog...'

Ik hoorde dat ze haar hoofd schudde.

We zwegen, luisterend naar elkaars ademhaling.

'Ik bel je als ik ben geland.'

'Wij redden ons,' zei ze, en ze hing op.

Tijd om hierover na te denken had ik niet, want tijdens mijn telefoongesprek werd er omgeroepen dat de reizigers aan boord moesten. Wachtend voor de sluis voelde ik iets in mijn broek trillen. Ik pakte mijn telefoon en zag een foto die Teaske me had gestuurd: glimlachend keek een jongetje net naast de lens. Uit een van zijn neusgaten liep een slangetje dat met een hartvormige sticker op zijn wang zat geplakt.

'Bent dat de kleine Bent?' vroeg Ludo, die naast me stond en met me meekeek. Ik liet hem mijn toestel zien en Ludo keek met grote ogen toe. Als een man die zelf nog geen kinderen heeft een foto van een baby ziet, gebeurt er niets met zijn pupillen, maar bij een man die wel kinderen heeft worden de pupillen groter. Dit in tegenstelling tot vrouwen, die altijd grotere pupillen krijgen als ze een baby zien.

'Hij kan nog niet veel,' zei ik, 'maar in glimlachen is hij erg bedreven.'

Teaske en ik hebben elkaar de afgelopen maanden bestookt met duizenden sms'jes. Dat begon in de week nadat we elkaar hadden ontmoet in Woudsend. Ik raakte aan haar verknocht op een manier die bij vroegere verliefdheden onmogelijk zou zijn geweest. Door te sms'en konden we altijd elkaars aanwezigheid voelen, ook als we ver van elkaar waren gescheiden. Ik stuurde Teaske berichtjes onderweg naar voorstellingen, ik schreef haar vanuit restaurants, ik sms'te tijdens voorstellingen vanuit de coulissen. Maar ook als ik in mijn eigen huis op het toilet zat en zij in mijn huiskamer op de bank tv lag te kijken. Aanvankelijk stuurde ik mijn berichtjes met een ironische kwinkslag, maar later werd het een serieuze verslaving. Kleine zinnetjes, grappen, lange observaties, recepten, discussies, emoticons. Het was alsof we naast onze verliefdheid in de echte wereld een tweede, digitale verliefdheid voelden. Second love. Liefde in 1378 tekstberichten.

Op een middag, we kenden elkaar drie weken en ze stond op het punt om bij me in te trekken, stokte plotseling de stroom. Ik had een grapje gemaakt over het gezwollen taalgebruik van een Arabische zangeres die Teaske bewonderde ('duizend paarden zijn niet krachtiger dan de liefde van mijn hart'), en daarna bleef het stil. Ik wachtte een tijdje, stuurde nog een bericht, en nog een, en nog vier, maar het bleef stil vanuit Leeuwarden. Ik probeerde Teaske te bellen, maar ze nam niet op. Gaandeweg werd ik overvallen door een onrust die ik daarvoor niet kende. Natuurlijk, Teaske was boos om mijn grapje over de duizend hysterische trekpaarden, ze was tot inzicht gekomen dat onze omstandigheden uitzichtloos waren, ze ging haar kind liever alleen krijgen, ik was te oud, te bekend, te saai. Tegen de avond was ik ervan overtuigd dat onze liefde voorbij was. Ze was te jong om me op een volwassen manier de bons te geven: haar mediastop kon worden gezien als de eenenvijftigste manier *to leave your lover.*

En toen kreeg ik een sms van een mij onbekend nummer. *'Lieverd! Mijn telefoon is afgesloten! Abonnement vergeten te betalen! Ik kan je niet meer sms'en of bereiken. Dit is een tijdelijke prepaid. Bel me!'*

Vaak heb ik erover gelezen dat liefde een chemisch proces is, maar op dat moment ervoer ik het aan den lijve. Binnen een seconde na het lezen van dit bericht trok er een geluksgloed door mijn lichaam die leek op de roes van een joint of een xtc-pil. Direct belde ik Teaske, die zich vereerd voelde dat ik zo angstig was geweest.

Later die avond stuurde ze me haar drieëntwintigste sms: 'Ik ben zo blij dat we weer kunnen sms'en. Ik luister nu naar Fairuz en denk aan jou. Fairuz zingt: gooi mij maar in de rozen.'

Mijn leven lang ben ik omringd door moeilijke mensen, om te beginnen mijn ouders. Enkele van mijn vrienden zijn grillig en veranderlijk. Ik heb ook veel moeilijke geliefden gehad, vrouwen die er alles aan deden om onze relatie op de proef te stellen, onzekere vrouwen, ontroostbare vrouwen, zichzelf pijnigende vrouwen, vrouwen die aan een verkeerd uitgesproken syllabe genoeg hadden om te dreigen met dood en verderf. In de loop der jaren ben ik ze gaan herkennen, de moeilijke mensen, en mijden. Teaske is het tegendeel van moeilijk. Ze is wat in het Duits *geläufig* heet, vloeiend, ongecompliceerd. Niet ieder woord weegt ze, niet al mijn gedragingen legt ze uit in haar nadeel. Nooit was ik met een vrouw met wie de dingen zo vanzelfsprekend gaan. Juist omdat ze zo makkelijk in het leven staat vond ik haar aanwezigheid erg aangenaam. Ludo vroeg een paar weken voordat Teaske was uitgerekend: 'Gaat het niet een beetje snel tussen jullie?' Voorafgaand aan een optreden in Bussum had ik hem meegenomen naar een meubelwinkel om een commode uit te zoeken. 'Ik bedoel: een commode, wat heb je eraan als het meisje weer uit je leven is verdwenen?'

'Ik denk niet dat ze nog verdwijnt,' zei ik, en ik hoorde het mezelf zeggen.

Teaske was mijn 'coup de foudre' ('*une expression francophone qui désigne le fait de tomber subitement en admiration amoureuse pour une personne*') en ik die van haar. Onze bliksem flitste in Friesland, het donderen begon in Utrecht. Als mensen wordt gevraagd naar de belangrijkste ervaring bij 'liefde op het eerste gezicht' is het meest genoemde woord: herkenning. Het is mogelijk iemand te herkennen die je daarvoor nog nooit hebt gezien. Onze herkenning voelde als een hereniging. De week na onze boottocht op Woudsend kwam Teaske naar mijn appartement, met één schone onderbroek in haar handtas omdat ze hooguit één nacht zou blijven. Drie dagen later kocht ze in de binnenstad wat kleren en twee weken later bezochten we een plaatselijke verloskundige voor eventuele noodgevallen. Eén keer heb ik Teaske terug naar Friesland gereden om haar kamerplanten en wat spullen op te halen. Een maand voordat ze was uitgerekend vroeg ik of ze al wist of ze thuis ging bevallen. Ze had er nog niet over nagedacht, zei ze. Wat vreemd was, want voor mij was het het enige waaraan ik kon denken.

Ondertussen naderde onze show *Belachelijk!* de zomerstop. Toen ze net bij mij logeerde ging Teaske in de productiebus regelmatig mee naar een optreden om vanuit de coulissen of de zaal toe te kijken, maar steeds vaker bleef ze alleen in mijn huis achter. Als ik 's nachts mijn voordeur opendeed was ik soms vergeten dat ze er was. Meteen bij binnenkomst het zachte gevoel: een vrouw in mijn huis. De geur van een afkoelende oven, het oudpapier op een stapel, bloemen in een vaas, de witte borden in het afwasrek.

Mijn omgeving begon te vragen wat ik moest met een hoogzwangere vrouw in mijn bed, er kwamen goedbedoelde expedities om met mij te praten, er werd bezorgd geïnsinueerd dat ik moest 'oppassen'. Ludo zei dat Teaske hem een gevaarlijke vrouw leek. Junior vroeg of ik aan mijn toekomst dacht. Egon gebruikte zogenaamd gekscherend de woorden golddigger en koekoeksjong.

Lilianne, de vriendin van Egon, vroeg of ik met haar wilde lunchen. Ik begreep de boodschap. En zo zat ik tegenover haar, achter een clubsandwich, krampachtig niet te luisteren naar haar preek.

'Wat vind je zo leuk aan haar?' vroeg ze, toen ze merkte dat haar woorden geen effect hadden.

'Haar enorme zwangere borsten!' riep ik, té hard, té gretig. Aan de tafel naast ons draaiden twee vrouwen hun hoofd naar me toe. Het was een grap, natuurlijk, maar Lilianne (voor het plaatje: een erg knappe rondborstige vrouw) legde haar hand op mijn arm, alsof ze wilde zeggen: jongen, als dát het probleem is...

Er was geen probleem. Ik was heftig verliefd op een zwangere vrouw, maar dit had niets met een plotselinge fetisj of obsessie te maken. Teaske was toevallig zwanger, het was een bijkomstigheid, een futiliteit die onze liefde niet in de weg stond. Toch zal ik niet ontkennen dat die buik van haar een dimensie toevoegde aan mijn verliefde gevoel. Haar zwangerschap maakte Teaske nog mooier; lang kon ik kijken naar die toeter van een buik en die twee toeters voor de toekomstige catering van 't boeleke.

Mijn moeder heeft zich er ooit kwaad over gemaakt dat zij als zwangere lerares — we hebben het over midden jaren zestig — van haar schooldirecteur al snel niet meer voor de klas mocht staan, omdat tere kindertjes de aanblik van een dikke vrouwenbuik moest worden bespaard. Mijn moeder vond dit bespottelijk. Wat is er mooier dan een zwangere buik? Niets en niemand straalt zo'n vitale levenskracht uit als een vrouw met een bijna voldragen kind in haar lichaam.

Teaske zat er in het geheel niet mee als ik haar tijdelijke suite bewonderend beetpakte, mijn handen bij elkaar vouwde en boodschappen riep naar de hotelgast. Hallo! Hoe is het daar? Heb je het naar je zin? Ik ben Giph, de nieuwe vriend van je moeder. Hallo, je vervangvader hier...

'Niet zeggen,' zei ze als ik dat zei, 'je bent veel meer dan dat.'

Ik begon sites te lezen over bevallingen en geboorte. Daar zijn er dus een paar miljard van. Er moesten klossen onder het bed (vier lege bierkratten). Er kwam een kraampakket. Ik kocht moltons, rompertjes, hotpacks, spuugdoekjes en een ondersteek. Voor het geval dat, zei ik tegen Teaske. Twee weken voordat ze was uitgerekend vroeg ik haar nogmaals of ze al wist waar ze wilde bevallen.

'Ik heb er nog steeds niet over nagedacht,' zei ze.

Notitie in de jij-vorm

Hé Bent, voel je dat ik naar je kijk? Je moeder en ik zien een bobbel, die groter wordt en dan weer kleiner, en daarna ontstaat er op een andere plek een nieuwe uitstulping, die ook snel weer verdwijnt. Ik buig me naar jou, de bewoner van haar buik. Hallo! roep ik. Ik ben dat geval dat geluid maakt op vijftien centimeter van jouw hoofdje. Veel baby's zijn op jouw leeftijd — veertien dagen voor *ignition* — al ingedaald, maar jij stuitert nog uitgelaten rond alsof je in een of andere ballenbak zit. Mijn advies: blijf rustig zitten, want waar is het heerlijker dan de plek waar jij nu bent? Je kijkt eens om je heen naar de vrolijke rode lichtbubbels die je helemaal omhullen. Je luistert naar de zangerige stem van je mooie mamma. Je doet ongegeneerd je rek- en strekoefeningen, je slaapt als je slaapt hebt. Je hoeft geen onverwachte strijd te voeren met collega's of vrienden. Je hebt geen deadlines, files of nota's. Mode is voor jou een hol begrip, verraad komt in jouw wereld niet voor, je leeft in een ideale waterzak met als enig euvel de wetenschap dat hij ooit zal breken.

En toen kwam de ochtend (het was eind mei, we hadden net de laatste voorstelling voor de zomerstop gespeeld) dat ik werd gebeld door een stagiaire van NRC *Handelsblad*. Ze had een prangende vraag: waarom ik geen onbekende asielzoeker in mijn huis wilde nemen.

'Pardon?'

'Kijk jij neer op mensen die hulp nodig hebben?' vroeg

ze afgemeten (ze zei *jaj* in plaats van jij, of u). Uit haar woorden begreep ik dat er iets heel ergs aan de hand was, dat ze haar artikel al klaar had, maar dat ze me van haar stagebegeleider voor de vorm even moest bellen.

'Ik begrijp niet wat je bedoelt...'

'Je staat op een lijst.'

Dit klonk dreigend. Ik stond op een *lijst*.

Met tegenzin legde het meisje uit wat ze bedoelde. Een subsidiestichting die zich bezighoudt met het lot van asielzoekers in Nederland had schrijvers, tv-bekendheden, cabaretiers en muzikanten gemaild met de vraag of zij een vluchteling een nacht onderdak wilden verlenen, uit protest tegen een of ander rigide regeringsbesluit. Wie hierop niet of negatief had gereageerd was op een zwarte lijst komen te staan, die door de stichting naar de pers was gestuurd onder de noemer 'Dit Zijn Beroemdheden Die Geen Buitenlanders In Hun Huis Willen'.

'Dus Groep Smulders is lekker maatschappijkritisch en daarmee verdienen jullie een hoop geld, maar als het erop aankomt geef je niet thuis en laat je asielzoekers liever stikken...'

Ik zei dat ik aan iemand van dertien geen verantwoording hoefde af te leggen waarom ik iets níét deed, waarna ik nukkig ophing en direct Junior belde. Deze beloofde de zaak uit te zoeken. Tien minuten later werd ik weer gebeld, ditmaal door een stagiair van *de Volkskrant*, met hetzelfde tot op het bot verveelde toontje.

'Ben jij een beetje een racist?' vroeg hij, hopend op een smeuïg antwoord. Ook deze jongen had de portee van zijn stukje allang klaar, mijn bijdrage zou alleen maar in mijn nadeel kunnen uitpakken.

'Hou jij niet van vreemden in je huis? Is dat het?'

Hoewel ik inmiddels door schande heb geleerd dat je je nooit tot een discussie moet laten verleiden, begon ik hem toch van repliek te dienen. Terwijl ik steeds bozere antwoorden riep kwam Teaske plotseling de huiskamer binnen.

'O, je bent bang dat er dingen uit je huis zullen verdwijnen, ik snap het al,' zei de jonge reporter zuigerig.

'Mi.. vru......er .s .e....en,' hoorde ik Teaske zeggen.

Ik hield de hoorn van me vandaan.

'Wat?'

Dat haar vruchtwater was gebroken.

Het duurde een paar seconden tot de boodschap doordrong. Verward bracht ik het toestel weer naar mijn oor.

'Want ze stelen toch allemaal, niet? Is dat wat je wilt zeggen? Het zijn allemaal dieven?' ging de stagiair onverstoorbaar verder.

'Vind je het erg dat ik ophang?' onderbrak ik hem. 'Het vruchtwater van mijn vriendin is gebroken, we staan hier op het punt te bevallen van onze eerste asielzoeker. Misschien dat je volgende week een paar zielige uitbuiters kunt sturen om de zooi te helpen opruimen.'

'Zielige uitbuiters, zei je?'

Ik hing op. Later vertelde Junior me dat het hem anderhalf uur en twee vrijkaarten had gekost om de stagebegeleider van de jonge journalist ervan te overtuigen deze laatste quote niet te gebruiken.

Met een naar hysterie neigende kalmte belde ik de verloskundige. Eerst probeerde zij ons alsnog naar Leeuwarden te praten, maar toen ik uitlegde dat dit echt niet ging, zei ze: 'Ja, ik begrijp dat ik welkom ben, maar ik heb er een hele nacht op zitten en nog geen oog dichtgedaan. Waarschijnlijk zit Teaske nog maar op één centimeter ontsluiting.'

Ze ging even een tuk doen, zei ze, en zou pas komen als er weeënactiviteit was. *Weeënactiviteit.* Ik kende het woord niet. Onmiddellijk zag ik een sketch voor me over een weeënvrouw die het weeënbericht voorlas met behulp van weeënkaart en weeënvoorspelling. Zware weeën op komst.

Twee uur, één tuk en acht centimeter later kwam de verloskundige. Teaske zat inmiddels in bad om de ontsluitingsweeën aangenamer weg te zuchten. Vrouwen vergeten de pijn tijdens een bevalling razendsnel. Dit om zeker te stellen dat ze een volgende keer weer door die hel willen gaan. De tweeënhalf uur dat Teaskes bevalling daadwerkelijk duurde, is in mijn geheugen opgeslagen als een clip van tweeënhalve minuut. Ik zie mezelf behulpzaam in de weer met water, washandjes, fotoapparatuur, bakken begrip, kilo's steun en liters genegenheid, ik weet dat de persweeën begonnen, dat het bed kraakte van het plastic zeil dat onder de lakens lag, dat ik met Teaske en de verloskundige heb meegepuft, dat er op een gegeven moment volledige ontsluiting was en dat de verloskundige met haar vingers intern een of andere mij onbekende richel moest wegmasseren, maar het vreemde is dat ik geen beeldende herinneringen koester aan het moment van Bents geboorte. Eerst moet er het opzwepende lawaai van steeds harder schreeuwende mensen zijn geweest, en een donderslag later lag er een grauw bloederig kereltje te reutelen op de borst van een uitgeputte moeder. De geboorte van Bent, plotseling, *unglaublich geläufig*, een bliksemflits.

Meteen moesten er dingen. Er was een navelstreng die moest worden doorgeknipt. 'Door de vader,' zei de verloskundige, en ze gaf mij de schaar. Bent werd gewogen, bewonderd en gefotografeerd, er waren testen en hierna mocht Bent uithijgen bij zijn moeder, terwijl ik snel om de hoek broodjes ossenworst en filet americain haalde, die Teaske tijdens haar zwangerschap had moeten missen. Toen ik terugkwam trof ik de verloskundige met Bent in mijn huiskamer. Teaske had hulp nodig bij de nageboorte en daarom kreeg ik Bent overhandigd. Voorzichtig pakte ik het coconnetje aan.

Bijna triomfantelijk liep ik naar het dikke kleed in mijn huiskamer, waar ik door mijn knieën zakte en Bent op zijn rug dicht naast me legde. Hij maakte geluidjes die ik nog nooit had gehoord, voorzichtig wreef ik met mijn enorme vingers over zijn wonderbaarlijk kleine borst, plotseling sperde hij zijn ogen wagenwijd open en hij hield dit secondenlang vol, terwijl hij mij vorsend aankeek.

Er is mij door deskundigen uitgelegd dat het absoluut niet kan wat er toen gebeurde. Mensen hebben mij naderhand verteld dat het op z'n hoogst een rudimentaire reflex van Bent moet zijn geweest, hoewel het veel aannemelijker is dat ik iets zag omdat ik het wilde zien. Dat kan allemaal best, maar ik laat mij door geen wetenschapper of verloskundige afnemen waarvan ik weet dat ik het heb gezien. Nadat Bent mij indringend had aangekeken sloot hij zijn ogen en verscheen er om zijn mond een ontwapenende glimlach. Nog geen uur na zijn geboorte lag Bent naar me te lachen.

BRIEF GEVONDEN IN EEN BAD

Op een uniek moment in de geschiedenis en op een unieke plek op aarde lees jij deze zin. Misschien dat je deze woorden later nog eens zult zien en de kans is aanwezig dat dit op dezelfde plek zal gebeuren als waar je je nu bevindt (in je bed, je leeskamer, je vaste treincoupé, je lekkere stoel), maar het is een natuurkundige onmogelijkheid dat je mijn voorgaande zin op hetzelfde moment zult herlezen. Wat er thans gebeurt tussen ons, tussen deze zin en jouw aandacht, dit, hier, nu, is uniek, eenmalig en onherhaalbaar. Dit is iets tussen ons, vriend, en het was voorbij eer we er erg in hadden.

Gelegen in een fauteuil van een toestel van Icelandair kijk ik uit naar de wolken, nippend van een plastic bekertje bier. Junior vertelde net dat er bij de vliegramp in Faro jaren geleden veertig natuurgenezers aan boord van het gecrashte toestel hadden gezeten die op weg waren naar een symposium over paranormale gaven. Wie zei dat de Voorzienigheid geen gevoel voor humor had?

Toen schrijver Bill Bryson een vlucht maakte over de Grote Oceaan en hij doelloos uit een raampje staarde naar de maanverlichte oceaan, vroeg hij zich in een verloren moment af waarom de wereldzeeën eigenlijk zout zijn en of het zoutniveau na verloop van tijd toenam of juist niet.

Hij kon het antwoord niet bedenken, sterker nog, plotseling werd het hem pijnlijk gewaar dat hij helemaal niets wist over de enige planeet waarop hij ooit zou wonen. Dit besef veranderde zijn leven. De drie jaar die volgden op deze vliegreis over zee wijdde Bryson zich aan het lezen over en het bestuderen van ons wonderbaarlijk universum, wat uiteindelijk resulteerde in het meesterwerk waarmee hij de wereld zou veroveren: *Een kleine geschiedenis van bijna alles.*

Meer dan dertig jaar daarvoor maakte een andere schrijver, de Amerikaan Jerry Mander, een boottocht over de Adriatische Zee. Leunend over de reling zag hij rotsachtige klippen, rollende golven, een verblindende hemel en kleuren zo helder als een woestijn.

'*I think I hit an emotional bottom,*' schreef hij later in *Four Arguments for the Elimination of Television*, het strijdlustige boek dat hem rijk en beroemd maakte. Het was een *Big Moment*: aan het denken gezet door de oprechte levendigheid van het Dalmatische water moest Mander bekennen dat hij zelf — hoewel hij van hot naar her reisde — een doods en onbeduidend leeg leven leidde, en dat hij voor niemand iets betekende. Terug uit Europa maakte Mander, wat in het Engels fraai heet, *a sea change.*

Ik neem een langzame teug van mijn bier en kijk uit over een horizon van water.

Scènes in een vliegtuig — 1
Een paar jaar geleden werden wij door de Nederlandse gemeenschap in Moskou en Sint-Petersburg uitgenodigd voor een bezoek. Junior nam Sipke mee, Ludo ging met Pam, Egon met Lilianne en ik met Samarinde. Het werd een niet heel erg gedenkwaardige reis, vooral omdat we ons er vanwege drankgebruik weinig meer van kunnen herinneren. De vlucht naar Moskou ging goed, het optreden voor landgenoten aldaar uitstekend, en toen kwam

Pjotr Rijkhuizen in ons leven, de cultureel attaché die verantwoordelijk was voor ons bezoek. Pjotr had een Russische moeder, die hem één Russisch gebruik ten volle had bijgebracht. 'Eerst een glaasje' was Pjotrs levensmotto. Hij had altijd wodka binnen handbereik.

Pjotr begeleidde ons op onze binnenlandse vlucht naar Sint-Petersburg. In het Russische toestel was het aangenaam en om ons heen dronken veel Russen met ons mee. We werden baldadig en speelden een spelletje genaamd '*правда или смел*', oftewel *pravda īlī smel*. Egon kreeg van Pjotr de opdracht te proberen de cockpit van het toestel binnen te komen, niets terroristisch, maar zoals kinderen vaak ook even mogen kijken. Egon deed een poging, gadegeslagen door Pjotr, die hem schuddend van de lach volgde. Na een minuut of vijf kwamen ze terug voor een glaasje. De opdracht was niet volbracht.

'Ik wed dat wij wel binnenkomen,' zei Pam, en ze trok Samarinde mee naar voren. Sipke, Lilianne en wij mannen volgden hen geamuseerd; we zaten op tienduizend voet hoogte, wat kon er misgaan? Verkneukelend keken we hen na, ondertussen drinkend op het blauwtje dat ze zouden lopen. Maar na een kwartier moesten we concluderen dat het hun blijkbaar gelukt was de cabine binnen te dringen, waarop Pjotr zijn fles nog eens liet rondgaan om dit te vieren. Een kwartier later begonnen we ons toch zorgen te maken en weer een kwartier verder sloeg de benauwdheid echt toe. Ze hadden geprobeerd in de cockpit binnen te komen. Omdat ze hierbij met hun dronken koppen een deur hadden geforceerd, waren ze gearresteerd en door de bemanning opgesloten in het ruim, tussen agressieve dieren in kooien.

Toen kwamen ze eindelijk terug, lacherig, lichtelijk verward zelfs. Dit was hun verhaal. Ze hadden zich verschanst bij de toiletten voor de ingang van de cockpit en toen de stewardessen uit het zicht waren klopten ze op de deur. Er werd opengedaan door een piloot, die hen binnenliet en de deur weer op slot deed. Drie piloten hadden Pam en Samarinde met bijna schuimend enthousiasme ontvangen. Ze kregen een korte rondleiding door de niet al te grote cabine en vervolgens haalde een van de mannen een fles wodka tevoorschijn. De piloten dronken lekker een glaasje mee. Er was niet al te veel ruimte in het hokje, maar dat kwam de sfeer alleen maar ten goede. Na het drinken werd er nog meer gedronken, en hierna hadden Pam en Samarinde om de beurt achter de stuurknuppel mogen zitten voor een onverwachte vliegles. Beiden hadden ze daadwerkelijk een stukje gevlogen. Uiteraard dronken ze nog een glas wodka om dit te vieren. Nou ja, en toehoen...

'Toen wat?' riep Ludo, opkijkend uit zijn boek.

Toen begon de hoofdpiloot zijn overhemd open te knopen en had hij Pam naar zich toe getrokken, terwijl een andere piloot Sam op schoot nam.

'We zijn getrouwd,' had Pam geroepen, 'onze mannen zitten bij de andere passagiers.'

'*So what?*' riep de piloot, '*I'm also married. That no problem.*'

Met zachte dwang hadden Pam en Samarinde zich aan de avances van de piloten weten te ontworstelen en na hen vriendelijk te hebben bedankt voor de wodka en de vlieginstructie waren ze weer naar ons gekomen.

'Túúrlijk,' riep Pjotr schaterlachend, met zijn plastic glaasje proostend omhoog, en Lilianne voegde er met een doortrapte vrouwelijke ondertoon aan toe dat ze uiteraard de waarheid wel moesten spreken, want ze waren maar een uur weggeweest. Ik voelde me te dronken om hier serieus over na te denken, maar sindsdien zit ik niet meer in een vliegtuig zonder aan alcoholistische piloten te denken — die nog moeten landen.

Scènes in een vliegtuig – 2

Ik zit tussen Egon en Ludo in. Egon leest een *Viva* die een voorganger had achtergelaten, Ludo en ik breinbruisen in het luchtledige over een mogelijke act. Plotseling staat er een vrouw bij het gangpad met een telefoon in haar hand. Nederland bestaat inmiddels uit zestien miljoen cameraploegen. De vrouw richt haar toestel op ons en zegt: 'Sorry hoor, dit ziet er zo mooi uit. Dit kan ik niet zomaar voorbij laten gaan...'

Ik lees over collega's die zich te sappel maken als zij ongevraagd in het openbaar worden gefotografeerd door omstanders. Die strijd hebben wij allang opgegeven. Nu maken ze foto's, zegt Junior vaak, straks kopen ze toegangskaartjes. Om de vrouw van dienst te zijn brengt Egon zijn hoofd naar dat van mij en hij lacht naar de camera. Met een kreetje drukt de vrouw af.

'Hoe heet u?' vraagt Ludo.

'Vera,' zegt Vera. 'We gaan op vakantie naar IJsland. Net als jullie, denk ik.'

'Vera...' herhaalt Ludo, en zonder dat van tevoren te hebben afgesproken beginnen we spontaan ons driestemmige nummer 'Vera is de leukste vrouw op aarde!' te zingen. Dit is een act uit ons tweede programma, waarin we willekeurige vrouwen uit het publiek om hun voornaam vroegen, om hen vervolgens overdreven gepassioneerd toe te zingen. Het nummer eindigt in een nogal ongemakkelijk refrein waarin we vertellen hoe we Vera, het lekkerste wijf aller tijden, in drie verschillende gaten tegelijk gaan nemen.

Na het slotakkoord wordt er om ons heen voorzichtig geapplaudisseerd. Vera staat er freudiaans blozend bij. Ze blijft even hangen voor een praatje. Of er al een nieuwe show komt. Of we vrienden zijn of alleen maar collega's. Of we het niet vervelend vinden dat we voortdurend door mensen als zij worden lastiggevallen.

'Ja, dat vinden we echt heel erg vervelend,' zegt Egon, waarna Vera schatert, en eindelijk terug naar haar stoel waggelt.

Egon stopt zijn *Viva* in het vakje op de stoel voor hem. Hij zegt: 'Ik heb voor ons even een test ingevuld genaamd "Zijn mijn vriendinnen wel mijn vriendinnen?". Vragen als "Je hebt met veel moeite één kaart bemachtigd voor een exclusief oudejaarsfeest. Net voordat je wilt vertrekken belt je beste vriendin op en vertelt huilend dat ze zo eenzaam is... Wat doe je?". Een smoes bedenken op oudejaarsavond, je moet er maar opkomen.'

'En?' vraag ik. 'Zijn wij vriendinnen?'

'Tot 25 punten zou jij een nonchalante vriendin zijn, tot 45 punten een beste vriendin en alle punten daarboven een vriendin voor het leven. Je scoort 43 punten. Bijna vriendinnen voor het leven zijn we, Giph.'

Egon zet zijn iPod aan en ik open mijn laptop. In de stoel naast me zit Ludo verdiept in een boek over het onderbewuste.

'Ik lees net dat psychologen het zogenaamde reminiscentie-effect hebben ontdekt, het raadselachtige verschijnsel dat stokoude mensen herinneringen hervinden van de tijd dat ze tussen de vijftien en vijfentwintig waren,' zegt hij. Dit is opvallend, legt hij uit, omdat herinneringen aan latere jaren juist vervagen.

'Klaarblijkelijk is die periode dermate indrukwekkend dat we extra veel herinneringen opslaan in de verborgen harde schijven van ons geheugen,' zegt hij. 'Wij herbergen in ons hoofd herinneringen waar we nu nog niet bij kunnen.'

'Maf idee,' zeg ik.

'Nou,' zegt hij, 'ik kan niet wachten tot ik dement ben.'

Wat zal ik me later kunnen herinneren waar nu nog een embargo op rust? Mijn ontmoeting met Ludo en Egon is weggezakt in de tijdelijke beerput van vergetelheid. Het zal niks geen grootse & meeslepende, verfilmbare kennismaking zijn geweest, ik kan me dat althans niet meer herinneren. We hoorden simpelweg tot dezelfde groep, bezochten hetzelfde café, zagen dezelfde meisjes. Waarschijnlijk begon onze vriendschap met een biertje dat werd doorgegeven aan de bar. Als je in die tijd maar lang genoeg aan dezelfde toog zat, werd je vanzelf vrienden.

'Vrienden zijn familieleden die je zelf hebt gekozen,' schreef ik ooit, toen ik nog samen in een studentenhuis woonde met mijn oude familieleden Monk en Thijm. Wij vonden destijds dat we erg eenkennig waren in onze vriendschappen, maar de waarheid was dat we juist bakken met vrienden hadden, kroegvrienden, drinkvrienden, toneelspeelvrienden, ouwehoervrienden, jongehoervrienden, muziekvrienden, literatuurvrienden, vechtvrienden, bralvrienden. Er was in die jaren niet veel voor nodig om elkaars vriend te worden. En ook om de vriendschap weer uit elkaar te laten klappen. In vroeger tijden gebeurde het in mijn vriendengroep regelmatig dat vrienden elkaar officieel de vriendschap opzegden. Soms ging dit per brief, soms met een dronkenmansaanvaring in het café. Zelf ben ik in die jaren de vriendschap opgezegd en heb ik vrienden uit mijn blikveld geknikkerd. Een keer heeft een vriend een lange brief van mij verscheurd (dat is erger dan iemand vermoorden, volgens Gerard Reve) en een andere keer wilde een vriend mij in een kroeg te lijf gaan om mijn mening over een of ander boek (de enige legitieme reden om met elkaar op de vuist te gaan, al heb ik geen idee welk boek het was).

Na al die jaren zijn er nog maar weinig vrienden over. Net als mijn vader voldoe ik aan het beeld dat is opgetekend over mannen en hun vriendschappen. Hangt allemaal samen met leeftijd. Hoe jonger we zijn, hoe meer vrienden we hebben. Iemand van twintig heeft gemiddeld zes tot acht écht goede vrienden. Als iemand dertig is, is dat aantal geslonken tot vier à vijf. Iemand van in de veertig heeft twee tot drie dierbare broeders en iemand van vijftig één tot twee. In de leeftijdsklasse daarboven loopt het aantal écht goede vrienden ras terug tot nul. Dit is geen vrolijk stemmende wetenschap, maar we zullen ermee moeten leren leven. De kans is groot dat Egon, Ludo en ik elkaar zullen kwijtraken, op het eind, en als we daarvan uitgaan kan het alleen maar meevallen.

Hoe het begon
Ludo was van de toneelschool gegooid en Egon was mislukt op de kleinkunstacademie. Overdag werkte Egon in een schoenenzaak, Ludo in een brillenwinkel, en 's avonds speelden ze in een bandje en scherpten ze hun tong in de kroeg. In een dronken bui schreven ze zich in voor een cabaretfestival, waar ze zowel de publieks- als de juryprijs wonnen.

In die tijd las ik af en toe voor uit mijn eerste boek. Dan belde er een mevrouw namens een bibliotheek, of ik wilde voorlezen voor hun vaste leeskring. Egon en Ludo gingen een keer mee naar zo'n bijeenkomst (kroegafspraak). In Bilthoven werd ik bij een veertigkoppig luistermonster aangekondigd door een zenuwachtige bibliothecaresse. Ze zei wat aardige woorden uit mijn uittrekselmap, er volgde een bescheiden applausje, ik nam plaats achter een spreekgestoelte en begon mijn voordracht. De zaal luisterde zoals bibliotheekpubliek luistert. Een mevrouw keek in devotie naar me op. Een man zat psychopatisch voor zich uit te staren. Een oudere dame maakte aantekeningen. Drie mensen lagen in coma. Een oudere heer werd gereanimeerd in het gangpad. Toen ik een minuut of vijftien bezig was werd mijn voordracht plotseling onderbroken door Egon, die op de eerste rij zat.

'Sorry Giph,' zei hij en hij stond op. 'Ik wil me nergens

mee bemoeien, maar mag ik je een paar tips geven?'

Hij verexcuseerde zich tegenover de zaal — en vanaf dat moment was alles anders. Achteraf gezien kan ik met veel pathos beweren dat zijn ingreep mijn leven drastisch veranderde. Egon heeft de gave dat hij ieder publiek om zijn vinger kan winden. Dit gebeurde ook in Bilthoven. Hij gaf mij een paar wenken voor een betere voordracht, waar de zaal erg om moest lachen. Vervolgens stond ook Ludo op, die zich met de tips van zijn broer begon te bemoeien. Ludo heeft ook de gave ieder publiek te kunnen verleiden. Samen zijn ze onverslaanbaar. Het bibliotheekpubliek wist niet wat hun overkwam: de ene lachsalvo na de andere schalde langs de stellages met boeken. Lachen in een bibliotheek, dat hadden ze nog nooit meegemaakt! Egon en Ludo lieten mij passages voorlezen en maakten hilarische interventies. Natuurlijk had mij dit definitief kunnen verlammen en me voor altijd achter het spreekgestoelte vandaan kunnen jagen, maar het tegendeel gebeurde. Ik ging mee in hun spel, plotseling was ik veel losser dan ik ooit in een bibliotheek was geweest. Het was een ervaring die ik later nog onnoemlijk vaak zou hebben: met Egon en Ludo naast me ben ik veel gevatter dan wanneer ik alleen op een podium sta. Die avond in Bilthoven speelden we met z'n drieën veertig bejaarden plat met een act die later in onze eerste show zou komen. En wat nog steeds in mijn gehoor zit is het slotapplaus van die avond. Op een schaal van decibellen viel het mee, maar nimmer ben ik in een leeskring zo hysterisch toegejuicht.

Een paar weken later traden Egon en Ludo op in de Kikkerschouwburg voor vierhonderd man theaterpubliek. Ik zat in het publiek, met het vage voornemen om ook eens bij hen in te breken. Uiteindelijk had ik hiervoor het lef niet, en gelukkig hoefde dat ook niet, want Egon en Ludo betrokken mij uit zichzelf bij hun voorstelling. Egon had mijn boek bij zich en vroeg me een paar passages voor te lezen die ik ook in Bilthoven had geciteerd. Wederom onderbraken zij mij met hilarische aanvullingen. Hetzelfde effect als bij de bejaarden, alleen dan tot de macht vierhonderd. Het applaus na afloop van onze act: een stortbak van genegenheid. Verdoofd ging ik weer zitten op mijn plaats, waarna de rest van hun show langs me heen ging. Die ovatie, dat moment.

De gebroeders vroegen me of ik vaker als sidekick in hun voorstelling wilde komen, een uitnodiging die ik met dat applaus uit de Kikkerschouwburg in gedachten gretig aannam. Onze vriendschap was ontstaan in de kroeg, maar groeide op het podium. De concentratie tijdens een voorstelling en de saamhorigheid tegenover het publiek smeedden een broederschap dat in het begin op verliefdheid leek. Onder begeleiding van Egon en Ludo leerde ik een zaal te onderwerpen. Na afloop van de voorstellingen gingen we terug naar het café. Onze vriendschap ontstond in de kroeg, groeide op het podium en werd vervolmaakt aan de bar. In de uren na een voorstelling hebben we, met de adrenaline suizend door onze vaten, gezongen, versierd, heftig gediscussieerd, elkaar verdedigd, voor elkaar gevochten.

'Alles in een vriendschap is echt en zonder bijbedoeling,' schrijft Cicero. Vriendschap, dat was precies wat het was.

Vlak voor de landing
Eibl-Eibesfeldt, de bioloog die Teaske en mij met een omweg bij elkaar bracht, vroeg zich ooit af of 'liefde' oorspronkelijk eigenlijk wel was bedoeld voor de band tussen man en vrouw. Mensen verwarren met elkaar naar bed gaan met liefde. In de mensenwereld is seks de ultieme manier om twee individuen aan elkaar te koppelen, maar bij andere diersoorten is seksuele drift zelden bindmiddel. De liefdesband tussen een mannetje en een vrouwtje

is evolutionair gezien voor het overleven van een soort geen nuttige toevoeging. Miljoenen diersoorten overleven prima zonder liefde. In het dierenrijk is de relatie tussen moeder en kind het sterkst. Een leeuwin zal tot de dood vechten voor haar welp, maar ze zal geen poot verzetten voor de bebaarde lamzak die haar jong bij haar heeft verwekt. Volgens Eibl-Eibesfeldt zijn vriendschap en de liefde tussen man en vrouw slappe echo's van de oerband tussen moeder en kind.

Ik typ een sms aan Teaske: 'Mochten we zijn neergestort... weet dat jij en Bent de laatsten zijn aan wie ik dacht! AAAAaaaaaaaarghhhhh! XXXXXX.' Terwijl ik op SEND druk besef ik dat deze sms de nauwkeurige landingsapparatuur wellicht zal ontregelen. Het laatste waaraan ik denk voordat we zo dadelijk zullen neerstorten: het beeld van Teaske met Bent op haar borst. Ze ligt op de bank in mijn appartement, hij is in slaap gevallen en zij doezelt. Volgens Eibl-Eibesfeldt is wat ik voel een bijproduct.

Luchthaven Keflavík, 's middags
Had jij een voorstelling van IJsland? Onbewust wellicht, door die foto's en reportages over de vermaledijde wereldcrisis. IJsland is anders dan alle landen die ik heb bezocht. Toen we kwamen aanvliegen leek het of we gingen landen op een in de oceaan gestorte meteoriet: boomloze grauwe onherbergzame in nevels gehulde vlakten, met in het rond slingerende besneeuwde rotsblokken en gestolde tongen lava. Een opwekkend vakantieland.

Aan de bar op Schiphol had Frank informatie over het eiland bij elkaar gesurft, die hij begint op te lepelen als we moeten wachten tot de cabinedeuren van het toestel opengaan. Dit is onze vaste werkwijze. Voorafgaand aan een optreden in bijvoorbeeld Deventer maken Frank en Govert een lijst met op internet gevonden weetjes over de stad, die wij kunnen verwerken in een improvisatieact op het podium. Bijvoorbeeld hoeveel openbare toiletten Deventer in 1879 telde. Hoeveel verschillende soorten hoofdluis bij Deventerse schoolkinderen is geconstateerd. Hoeveel woonboten er in de stad liggen. Hoeveel bezems de gemeentereiniging het afgelopen decennium heeft aangeschaft (de digitaal beschikbare informatie grenst aan het ongeloofwaardige).

Lezend van zijn telefoonschermpje neemt Zwitserse Frank door wat hij heeft gevonden over IJsland. Dat de oudste permanente bewoners Vikingen waren die in de negende eeuw hadden moeten vluchten voor het regime van een Noorse koning genaamd Harald de Mooiharige.

'De Mooiharige!' schampert Ludo. 'Hoe laag moet je zelfbeeld zijn als je je laat wegjagen door iemand die prat gaat op zijn kapsel?'

'Een van de eerste bewoners heet Flóki Vilgerðarson,' leest Zwitserse Frank verder. 'Oftewel Flóki Met De Drie Raven, omdat hij bij zijn zoektocht naar locaties werd geholpen door drie raven.'

'Flokkie met zijn ouderwetse navigatiesysteem, zoals zijn vrienden hem altijd noemden,' zegt Egon, zijn tas uit het bovenrek pakkend.

'En dit vond ik nog voor jullie: een oud IJslands spreekwoord,' zei Frank tegen Ludo en Egon, waarna hij met een Scandinavische tongval declameerde: *'Ber er hver að baki nema ser bróður eigi.'*

'Zeker weten,' zegt Ludo.

Ook Egon knikt alsof hij het begreep, waarop Zwitserse Frank de vertaling voorleest: 'Ieder mens is weerloos... tenzij hij een broer heeft.'

Er valt een stilte.

'Mooi,' zegt Ludo. 'Tenzij hij een broer heeft.'

Egon: 'Ja, heel mooi.'

'Hoewel,' gaat hij verder tegen Frank, *'broer* zou ik hem eigenlijk niet willen noemen. Ludo zie ik liever als mijn opvolger in de baarmoeder van de vrouw van mijn vader...'

Er valt wederom een korte stilte, waarin Zwitserse Frank en wij allen nadenken over Egons antwoord. Egon en Ludo staan op dit moment dicht bij elkaar en ze kijken in elkaars ogen.

'Beetje onaardig van jou, hè?' zegt Ludo, en ik herken de toon waarop hij dit zegt.

Egon gebaart met zijn hoofd knikkend: wat?

'Jongens!' roept Junior, die het ook doorheeft.

Ludo kijkt Egon nog intenser aan.

'Tongen?' vraagt hij. Met argwaan volg ik wat er in het gangpad op het punt staat te gebeuren. Ludo en Egon zijn onberekenbaar in hun wederzijdse genegenheid, die schielijk kan omslaan in grote ergernis. Wacht, ik zet de handeling even stil.

Mijn ouders hadden geen tweede zoon, dus ik kan niet meepraten over die vreemde, soms liefdevolle, soms explosieve omgang tussen bloedverwante seksegenoten. Zwitserse Frank citeerde zijn IJslandse spreekwoord niet voor niets. Broedertwisten zijn de meest dramatische van alle oorlogen. Aanvaringen tussen wederzijdse vijanden horen bij de hardheid van het dagelijkse overlevingsgevecht, de strijd tussen broers is even aangrijpend als onbegrijpelijk. De eerste broers in de geschiedenis van de mensheid hebben de boel op scherp gezet (waarbij ik ervan uitga dat je Genesis net als ik als het ware scheppingsverhaal beschouwt). Kaïn en Abel waren de zoons van Adam en Eva. Beide jongens boden op een dag God een cadeautje aan, maar Hij besloot in Zijn wijsheid slechts het offer van Abel te accepteren.

Hierop vroeg de verbolgen Kaïn zijn broer mee te wandelen naar een veldje verderop. Toen ze bij deze akker waren pakte Kaïn het been van een ezelshoef, om Abel met een welgemikte klap te doden. Het lijk van zijn broer bedekte hij met stro. God, van CSI Jeruzalem, vroeg aan Kaïn waar zijn broer uithing. 'Pff, weet ik het,' antwoordde de verdachte. 'Ben ik mijn broeders hoeder?'

Enfin, deze broedermoord was het begin van vele broederschermutselingen, overal op aarde. Door de eeuwen heen hebben broers elkaar het leven zuur gemaakt, koningshuizen zijn erdoor verscheurd, families uit elkaar getrokken, cabaretgezelschappen klapten met fors geweld uiteen.

In een interview heb ik de gebroeders Smulders vergeleken met de gebroeders Noel en Liam Gallagher van de popgroep Oasis, die elkaar ook maximaal inspireerden en bevochten. Noem het *amour fraternel fou*: Egon en Ludo voeren soms strijd of hun leven ervan afhangt, terwijl ze elkaar tegelijkertijd te vuur en te zwaard zullen verdedigen als dat nodig is. Oké, start de band weer.

Ludo kijkt Egon strak aan.

'Wat nou, tongen?'

'Jongens!' roept Junior nog een keer, in een poging de naderende aanvaring in de kiem te smoren. Egon en Ludo mogen dan 'achterin voorbij de tweede helft van de dertig' zijn, ruziemaken kunnen ze als peuters. Op dat moment gaan de cabinedeuren van het toestel open en begint de meute in het gangpad langzaam te bewegen.

De broers worden uiteen gedreven door een gezette mevrouw die moeizaam een tas uit het bagagerek wurmt, terwijl Junior de aandacht probeert af te leiden — Eerste Hoofdwet bij de omgang met kinderen — door van zijn reisdocumenten op te lezen hoe onze gidsin heet: Ragnheidur Fjalardóttir.

Die naam tempert de sluimerende aanvaring.

'We hebben haar voor de hele trip ingehuurd,' zegt Junior. Ludo en Egon vergeten elkaar en kijken naar Juniors paperassen. Achter de naam Ragnheidur Fjalardóttir moet een feeërieke IJslandse deerne schuilgaan, een vrouw die ons leven gaat veranderen, een muze, een bewonderde langverwachte prinses, een grote liefde, de moeder van onze IJslandse kinderschaar.

Dat valt mee.

Ragnheidur Fjalardóttir blijkt een struise helblonde rauwdouwster, type freefightende zeezeilster. Ze staat ons op het parkeerterrein van de luchthaven op te wachten bij een overdreven grote witte Ford. De wielen van het gevaarte reiken tot m'n navel. Voordat Ragnheidur ons begroet heeft ze al een peuk gebietst bij Govert. Ze geeft ons allen een klauwhamer van een handdruk en vraagt of we hier voor zaken zijn.

'Nee, we zijn fotomodellen voor een modereportage,' zegt Egon, die ook een sigaret opsteekt. Een kort moment gloeien de ogen van Ragnheidur Fjalardóttir op, maar dan valt haar blik op onze *embonpoint* en *Bäuchelchen*.

'*Yeah, right,*' zegt ze, met een schorre lach.

De Achterhoek, een jaar of wat geleden
Liever met een hond, een adder, een aap en een haan in een dichtgebonden juten zak in de Rijn, dan dat ik ooit nog een fotoshoot doe. Het damesblad *Vogue* had als ludieke invalshoek voor een special genaamd 'Men and Glamour' bedacht dat het cabarettrio Groep Smulders mannenkleding zou showen als echte mannenmannequins. Egon en Ludo hadden al toegezegd — in de hoop dat ze de pakken en overhemden mee naar huis mochten nemen — en Junior vond het publicitair ook een goed idee. We moesten ons op een zondagochtend om acht uur melden bij een verafgelegen herenboerderij in de provincie. Hoewel ik als enige tegen deze waanzin had gestemd, was ik als enige op tijd. De styliste stond uit een vrachtwagen grote rekken met kledingzakken te tillen. Ik groette haar zo vriendelijk mogelijk, voor een vroege zondagmorgen. Aarzelend gaf

ze mij een hand en ik zag dat ze me probeerde te plaatsen.

'En jij bent?'

'Ik kom voor de opname...'

Ze keek me aan.

'En wat kom je precies doen?'

Ik zon op een grappig antwoord en kwam met: 'Ik ben een van de modellen.'

Ik geloof dat ze het echt niet begreep.

'Ik moet hier kleren komen aantrekken.'

Ik kon moeilijk zeggen dat ik de ster van de dag was, een van de *it-boys* om wie dit hele verrotte samenzijn draaide. Goed, de styliste zag er niet uit alsof ze was afgestudeerd op de theorie van de doelmatigheidsleer, maar het duurde een paar seconden eer ze doorkreeg wie ik was.

'O, jij bent Smulder...'

Ze gaf me — nogmaals — een hand en in haar blik zag ik een schok van verbazing en bezorgdheid. Jezus, moet deze voddenkeizer mijn kekke lappen aan? Hoe moeten we hier in godsnaam *glamour* van maken? Hierna ging ze door met haar werk en zocht ik een plekje om ongestoord mijn polsen te kunnen doorsnijden.

Twee uur later...

was alles anders. Egon en Ludo waren samen gearriveerd, en we hadden elkaar begroet alsof we allemaal afzonderlijk langdurig op wereldreis waren geweest (de waarheid was dat we de avond daarvoor in Apeldoorn hadden gestaan). In mijn onwetendheid dacht ik dat we voor het damesblad even een paar strakgespannen broekjes en truitjes zouden aanschieten, zodat de fotografe een paar keer klik kon doen en we weer allemaal ons weegs konden. Dit was een aandoenlijke veronderstelling.

Egon, Ludo en ik werden bepoteld, bepoederd, geknipt en geschoren. De fotografe was een voormalig model dat inmiddels al jaren aan de andere kant van de camera stond, waar ze zich had gespecialiseerd in mannenportretten.

'Veel ouwe mannen schieten jonge meisjes, ik fotografeer jongetjes,' zei ze lachend, toen ze bij ons kwam zitten in de grime. Jongetjes waren we.

'En ik wil jullie bloot op de foto,' zei ze, zonder ons aan te kijken.

IJsland, een kwartier na de landing
Ragnheidur Fjalardóttir start de motor van haar enorme Ford en pakt een microfoon. Terwijl ze ondertussen haar voertuig de weg op draait, vraagt ze of we willen dat ze ons onderhoudt met verhalen over het eiland. Het sneeuwt zachtjes, de lucht is groengrauw, de schakeringen van het landschap zijn grijs, antraciet en zwart. We kijken met open monden naar de omgeving. Ragnheidur vertelt dat W.H. Auden ooit over IJsland heeft geschreven dat het eiland drie soorten landschap kent: *rocks, more rocks* en *just rocks*.

'*And as you can clearly see, we are now driving through the third landscape...*' licht ze toe.

We lachen hard om deze grap, een lach die ik herken. Misschien dat ik je later zal inwijden in de vele lachen die ik in de loop der voorstellingen heb leren onderscheiden. De lach die klinkt in Ragnheidur Fjalardóttirs terreinwagen is zwaar, donker, samenzwerend en zelfverzekerd. Dit noem ik de mannenbulder, een volwassen versie van de jongenslach.

In onze begintijd hebben we geleerd dat we moesten oppassen met wat Junior noemde 'jongensdynamiek'. Te vaak gebeurde het dat we ons door de branie van het moment lieten verleiden tot al te uitbundig groepsgedrag. Zo antwoordde Egon eens vrolijk op een vraag van twee meisjes van de regionale omroep in Gelderland of er iets was dat beter voelde dan een staande ovatie. 'Een gangbang!' riep hij, een uitspraak die niet meer valt weg te strepen uit ons lemma op Wikipedia.

Wij lachten onze jongenslach en ook de Gelderse stagiaires moesten om Egons grapje zo aanstekelijk grinniken dat wij prompt begonnen te improviseren. Dit liep nogal uit de hand, met een verslag over een gedroomd slot van een theatervoorstelling, die nu eens niet zou eindigen met een doorsnee staande ovatie, maar een waarbij het publiek zou zwaaien, stampen, joelen en een polonaise in zou zetten. De ouvreuses van het theater zouden de deuren op slot doen, het podium zou worden verlicht met roze spots en discoballen, er zou confetti dwarrelen, er waren slingers, er werden lampionnen ontstoken en vuurpijlen, de mannen uit het publiek zouden meegebrachte flessen Chassagne-Montrachet opentrekken en de vrouwen zouden onze namen scanderen: 'Lu! Do! E! Gon! Gi! Hiph!' Er zouden spandoeken worden ontrold met teksten als 'Ik wil een kind van jullie!' Er werden bloemen op het podium geworpen, cadeaus, lieve kaartjes, slipjes en een op handgeschept papier gekalligrafeerde brief van koningin Beatrix om ons te bedanken voor wat we die avond hadden gepresteerd. Vervolgens zouden de mensen vooraan zich spontaan beginnen uit te kleden, waarna het ganse publiek zich zou bevrijden van hun knellende lappen, om zich terstond naar het podium te spoeden, waar de Zweedse firma Hästens inmiddels een matras van zeven bij zeven meter zou hebben neergelegd, met zachte springveren en echt paardenhaar. Wij zouden gedrieën in het midden van deze orgie op onze knieën zitten en als hoogtepunt van het hoogtepunt zouden álle achthonderd bezoekers perfect gelijktijdig hun orgastische ovatie over ons heen spetteren: zo zag ons ideale einde van een voorstelling eruit. Dit uiteraard gadegeslagen door een cameraploeg van de regionale omroep Gelderland.

Na deze onbesuisde improvisatie vertrokken de stagiaires van de omroep gehaast, blij met onze overmoedige quotes, die via YouTube de zaponderdelen van de dagelijkse talkshows haalden.

Dit bedoelde Junior met jongensdynamiek, een fenomeen dat ons ook parten speelde bij de fotoshoot in de afgelegen Achterhoekse boerderij. Niemand had met ons of Junior overlegd dat wij blotend op de foto moesten. Egon en Ludo hadden aanvankelijk de stoere houding dat ze die varkentjes wel even gingen wassen, maar ik voelde me van begin af ongemakkelijk (ach lúl niet man, je vond het geweldig).

De fotografe riep iedereen bij elkaar.

'Ik zie te veel expressie op je gezicht,' riep ze, niet tegen een van ons, maar tegen een aangekleed fotomodel dat praktisch op schoot zat bij Egon. 'Ik wil geen enkele uitdrukking. Concentratie!'

Geconcentreerd uitdrukkingsloos kijken, ik geef het je als doe-opdracht.

Wat me is bijgebleven: het moment dat Egon, Ludo en ik bloot voor die fotomodellen moesten. Bij het betreden van de set vroeg Egon aan de fotografe: 'Zorg je er wel voor dat we een beetje forsgeschapen in beeld komen?'

Wij onze jongenslach, de meisjes hun meisjesgiechel.

Ludo: 'We proberen ons namelijk krampachtig groot te houden.'

Het was niet voor het eerst dat we elkaar naakt zagen, want een cabaretgezelschap is als een voetbalteam dat gezamenlijk ten strijde trekt. Toeren betekent alles delen: wasbakken, toiletten, glazen, borden, kleren, rekwisieten, sigaretten, doucheruimtes, de omarming van het publiek. Het is onmogelijk om door het land te trekken en niet zo nu en dan elkaars meest afgelegen huidporiën te zien. Toch was dit de eerste keer dat we elkaars naaktheid zagen in het bijzijn van meedogenloze vrouwenogen.

'En wie heeft er weer de grootste?' riep Egon naar Ludo,

waarop ze elkaar even aankeken en zich naar mij wendden.

Zij hun broederlach, de meisjes hun meisjesgiechel en ik mijn boeddhistische klaagmantra.

Aan de grote muur van mijn werkkamer hangt al jaren een ingelijste foto van een mysterieuze naakte vrouw in een woest kustlandschap. De titel: *Woe to the one who is alone.*

Iemand schreef dat kunst de gift is van de ene eenzame aan de andere. Ik kijk vaak naar de plaat aan mijn muur. De vrouw op de rots moet zich hebben uitgekleed en op aanwijzingen van de fotograaf in een pose zijn gaan liggen. Het thema zal geweest zijn: de Vrouw, weldadige bron van alles, neergevleid in het onverzettelijk onstuimige van de Natuur. Of: de tijdelijkheid van het leven en het eeuwig levenloze samen in één beeld.

Waren de kunstenaar en zijn model alléén bij het schieten van hun foto's, of vergezeld van assistenten, belichters en stylisten? Voor de eenzame is het een prettiger idee dat de fotograaf en zijn model getweeën waren, in een verder ongerept landschap. Heeft hij begeerlijke gevoelens gehad, kijkend naar haar lichaam? Heeft zij de kliffen verwarmd? Dacht ze: ik vind het prima om hier naakt als de stenen te poseren, maar ik wou dat hij zijn camera eens weglegde om me te pakken? Heeft hij zich afgetrokken en zijn zaad over haar heen gespoten, al was het slechts in gedachten? Wie bespiedt of laat zich bespieden zonder te denken aan hartstocht en wellust?

Zij moet naar haar opgevouwen kleren zijn gelopen en zich hebben aangekleed; hij zal zijn negatiefrollen hebben beschreven en opgeborgen in een fototas. En toen ze beiden klaar waren, zijn ze bij elkaar gaan staan. De klus was geklaard, het beeld vastgelegd. Samen zijn ze naar zijn auto teruggelopen, twee eenzamen in een grote dorre leegte.

De naam van de fotograaf staat op de achterkant van de lijst, de naam van het model was Samarinde — hoewel dat er verder niet meer toe doet. De foto werd genomen bij een van de kliffen van het eiland Skye, voor een koffietafelboek over Schotse landschappen met naakte vrouwenlichamen. Voor Samarinde was het een ereproject: er was geen honorarium beschikbaar, maar als dank kreeg ze een grote monochroomprint. Leuke foto voor in haar spreekkamer.

'Ben je jaloers?' vroeg ze, toen ze met de foto thuiskwam. Om te bewijzen dat ik dat in het geheel integendeel echt helemaal natuurlijk niet was, confisqueerde ik de afbeelding en hing ik hem op in mijn eigen werkkamer (de lijst paste niet in de koffers en dozen waarmee Samarinde later uit mijn leven verdween en ik heb nooit de moeite genomen iets anders aan mijn muur te hangen). Het vreemde was dat Samarinde wel jaloers reageerde op mijn fotosessie in de Achterhoek.

'Lekker, zo'n naakt wijf op je schoot,' zei ze, toen ik haar een paar weken na de opnamen de reportage in *Vogue* liet zien. Samarinde was van het type 'ik geloof in een open huwelijk, maar alleen niet voor mijn partner'.

'Het ging heel professioneel allemaal,' zei ik. 'Het was net een echte fotoshoot.'

'O, professioneel?' zei ze, met een kalmte die dreigend overkwam. 'Dus ze ging even professioneel op je schoot zitten? En daarna ben jij zeker professioneel op haar gaan liggen en heeft zij heel professioneel je ballen gelikt?'

Woedend smeet ze het tijdschrift op de grond, waar het nog een paar weken eenzaam heeft gelegen.

IJsland, The Blue Lagoon
Een half uur na onze aankomst op het eiland zet Ragnheidur Fjalardóttir ons af bij een hypermodern gebouw, vlak naast een enigmatische plas genaamd The Blue Lagoon,

een door lavakrochten verwarmd geothermisch dobber-
meer, omringd door een rauw landschap. Ondergronds
zeewater wordt hier op tweeduizend meter diepte verwarmd door de gloeiende aardmassa, waarna het zich met
geweld naar boven perst, langs verkoelend geneeskrachtig
magma. Aangekomen bij de oppervlakte heeft de borrelen-
de modderstroom de temperatuur van een overdadig heet
stoombad. De mineralen in de troebele spa geven het een
spectaculaire azuurblauwe kleur.

Ragnheidur Fjalardóttir legt uit waar we ons kunnen
uitkleden, maar zelf gaat ze niet mee, ook niet na aandrin-
gen van Egon. Een vrieskoude wind waait over het meer,
maar de lokroep van de blauwe blubber is sterker dan de
weerzin tegen de kou en de penetrante zwavelgeur.

Rillend rennen we gezessen naar de rand van het kolkende bad. Er drijven een paar toeristen, half zichtbaar
door de rondstuivende witte damp. Het vriest te hard om
te blijven staan, we moeten in deze enorme jacuzzi springen willen we niet verkleumen. Junior steekt voorzichtig
een voet in het troebele water, maar ik spring er in één
keer in. De hel en de hemel schuiven in elkaar. Onder het
wateroppervlak is het te warm, erboven te koud.

De stroming van het water drijft ons naar elkaar. Hoe
snel het gaat: na een paar minuten zijn we aan zowel de
hitte als de vorst gewend. Vervreemdend beeld: bij een van
de rotsen in een hoek van het meer staat een negerin met
een dienblad glazen half in het water. We laten ons naar
haar toe borrelen.

'*This is a special welcome cocktail,*' zegt het meisje,
met een Afrikaanse tongval, als we om haar heen drijven.
Ze biedt ons allen een glas aan, waarna Junior het zijne
omhoog houdt.

'Heren,' zegt hij, 'op de terugkeer van het heilige vuur.'
Mijn stilte verwaait in de gurende wind.

Drie jaar geleden, een nacht in Leeuwarden
We hebben dit eerder meegemaakt. We speelden in Friesland, en omdat we de avond erna in het Groningse Stadskanaal stonden, vertrokken Zwitserse Frank en Govert meteen na de voorstelling met de vrachtwagen die kant op. Stadskanaal is geen plaats om vrijwillig de nacht door te brengen, en dus had Junior voor ons allen kamers gehuurd in een chic Leeuwardens hotel genaamd Het Stadhouderlijk Hof, een majestueus optrekje op een plein met een boom waartegen koningin Wilhelmina nog zou hebben gewaterd. Het hotel was een combinatie van een paleis en een bordeel. Bordeauxrood tapijt aan de muren, lambrisering, hemelbedden, plafondspiegels, Griekse zuilen, en allemaal hadden we pontificaal een jacuzzi in onze suite.

De voorstelling die we die avond hadden gespeeld was losgekomen van de grond, we hadden onze toeschouwers meegenomen naar de buitenste sferen van het universum en de goden van de onbeperkte glorie. Maar zoals dat volgens de wetten van het theater gaat: hoe beter de show, hoe stiller we ons na afloop voelden. Mijn term daarvoor is driezaamheid. Hoe meer we tijdens een voorstelling kortstondig het centrum van het heelal waren geweest, hoe harder we werden teruggeworpen op de richels van de goot. Juniors idee om na de show het Friese nachtleven in te trekken was achteraf niet goed geweest. Na één biertje in een café besloten we naar het hotel te gaan. Egon had zin om lang in zijn jacuzzi te liggen, zei hij. Ludo riep hetzelfde en ook ik verlangde naar onderdompeling.

In het hotel kregen we plotseling een aanval van milieubewustzijn. Het zou zonde zijn om víér bubbelbaden te vullen en daarmee water en gas te verspillen dat onze kinderen later zouden kunnen gebruiken. Egon inviteerde ons plechtig op zijn kamer, terwijl Junior bij de nachtportier zowaar drie flessen Chassagne-Montrachet wist te ritselen.

En zo stapten we bij het ingaan van de nacht gevieren in één ruisende jacuzzi. Het water in het bad stroomde bijna over, maar dat deerde niet. We bubbelden in het bubbelende water met de wijn in onze glazen en we hieven onze glazen op onze poging mensen in den lande te verpozen met onze woorden. Ludo noemde ons 'vertegenwoordigers in troost' en Junior sprak van het heilige vuur. *Woe to the ones who are alone.*

Alles in vriendschap is echt. We waren ongewis van de dingen die onafwendbaar zouden komen, maar die nacht, in die stad, in dat bubbelbad, in dat gezelschap vrienden zijn we waarachtig jongensachtig gelukkig geweest. Het was voorbij eer we er erg in hadden.

LEVENSLIJN

Geplaagd door heimwee heb ik een truc ontwikkeld om me in een onbekende stad snel thuis te voelen. De methode is eenvoudig: op de eerste dag van een verblijf kies ik niet al te selectief een dukdalf, een kroeg op loopafstand van mijn hotel (zo schrijf ik deze brief in café Thorvaldsen op kruipafstand van mijn kamer). Hier kom ik ieder vrij moment, ik spreek er zo veel mogelijk af met reisgenoten, ik eet er als dat mogelijk is. De eerste avond word ik opgemerkt door de barkeeper, de tweede dag weet hij wat ik drink, de derde dag kent hij mijn gespreksstof, de vierde dag staat mijn drankje klaar voor ik heb besteld, de vijfde dag wissel ik onze inmiddels vertrouwde levensverhalen uit met andere vaste bezoekers, de zesde dag hoor ik bij binnenkomst dat ik niet moet vergeten iets in de pot te doen voor de zieke zoon van een van de jongens, en de zevende dag val ik in bij het kroegelftal, waarna alle spelers uit oprechte dankbaarheid meeschrijven aan de brief die ik aan jou schrijf, omdat ze inmiddels verdomd goed begrijpen hoe belangrijk onze vriendschap voor mij is. Namens Jón, Sigurður, Guðmundur, Gunnar, Ólafur, Einar, Magnús, Kristján, Stefán, Jóhann en de geblesseerde Árni groet ik je met een bijna agressieve hartelijkheid.

We zijn nu een halve dag in Reykjavik, dit is mijn tweede bezoek aan Thorvaldsen. Vanmiddag hebben we in deze bar iets gedronken, waarna we een uur vrij kregen van onze akela. De anderen zijn het stadje in of naar het hotel.

Net werd ik gebeld door de grootmoeder van mijn aangenomen zoon, een vrouw die ik nog niet heb ontmoet, maar die mij wekelijks belt om mijn oorschelp vol te schelden. Ze kondigde aan dat ze naar de pers zou stappen met haar verhaal. Theatermaker Giph van Groep Smulders verbiedt vrouw omgang met haar pasgeboren kleinkind. Ik zei: 'Ik verbied u helemaal niets, het is uw dochter die u niet meer wil zien en u moet vooral doen wat u niet laten kunt.'

Hierna hing ik op. De tijd dat ik probeerde te bemiddelen tussen Teaske en haar moeder heeft niet lang geduurd. Teaske wilde er niet veel over kwijt. Toen ze met haar dikke buik en dunne plunjezak bij me was ingetrokken vroeg ik naar haar familie. Haar vader was overleden, met haar moeder had ze geen contact. Ik vroeg of haar moeder dan niet verheugd was over de blijde komst van haar kleinkindeke. Teaskes moeder keurde Teaskes levenswandel af.

'Dat zei ze letterlijk,' zei Teaske, '*levenswandel*. Dat zeg je als moeder toch niet tegen je dochter?'

Omdat haar moeder daarnaast het woord slet had gebruikt, had Teaske alle banden verbroken.

'Ze krijgt het kind van de slet niet te zien,' zei ze, en daarmee was het onderwerp gesloten.

Op één moment na. Bent lag te slapen in zijn wiegje. De verloskundige en de kraamhulp hadden proefjes en experimentjes met hem gedaan, en waren klaar met hun werk.

'Rustig aan met familiebezoek en andere drukte,' had de verloskundige gezegd, bij het afscheid.

En toen waren we alleen met ons kind. De kraamhulp zou zich pas de volgende ochtend vroeg melden, de verloskundige beloofde nog even te bellen. Ik stuurde vrolijke sms'jes aan Egon, Ludo, Junior en andere vrienden, terwijl

Teaske een douche nam. De verantwoordelijkheid dui-
zelde me. Daar, in dat rieten wiegje, lag een wezentje te
ademen, een oerknalletje dat er tweeënhalf uur daarvoor
nog niet was. Hoe vol kun je van iets zijn? Ik geloof dat
ik werkelijk dacht dat alle mensen op straat wisten van
Bents geboorte. Honden en hun baasjes waren opgetogen,
straatlantaarns schoten aan om Bents komst te vieren,
auto's claxonneerden, fietsers ontstaken hun verlichting:
Bent was het nieuwe centrum van het universum.

Teaske kwam uit de douche en ging liggen in mijn door
de kraamhulp verschoonde bed. Ik legde Bent naast haar.

'Moet je je moeder niet even bellen?' vroeg ik.

Ze keek me aan, met de berustende wijsheid van een
moeder.

'Vind je?'

Langzaam knikkend haalde ik mijn schouders op.

Teaske zuchtte, en zocht in de kamer naar de telefoon.
Ik gaf haar het toestel aan, maar ze deed of ze die niet wilde aannemen.

Op dat moment zag ik dat Bent een diepe blauwpaarse
kleur had. Hij ademde niet meer en schokschouderde met
zijn rompje. Teaske zat verstijfd op bed, niet tot bewegen
in staat. Direct kwam ik in een staat van oerverantwoor-
delijkheid: ik pakte met mijn ene hand Bent en met mijn
andere nam ik de telefoon van Teaske over. Het nummer
van de verloskundige stond nog in de belgeschiedenis. Het
toestel ging langdurig over, terwijl ik ondertussen Bent
schreeuwend tot leven probeerde te schudden, tikkend
tegen zijn wang en drukkend op zijn borst. De betekenis
van het woord 'onbeholpen': niet alleen ging ik onhandig
te werk, ik stond er ook alleen voor, want Teaske keek
verlamd en doodsbang toe.

Na de tiende beltoon staakte ik mijn poging, om meteen daarop 112 te bellen. Ik zal in radeloosheid naar de
dienstdoende telefoniste hebben geblaft, want ze *begreep*

mijn situatie, ze *kon zich heel goed voorstellen* dat ik in paniek was.

Wachtend op de ambulance kwam Bent weer bij, dat zul je altijd zien. Vroeger genas ik in de wachtkamer van de dokter vaak plotseling van de kwaal die mij daar met mijn moeder had gebracht. Bent keek met grote ogen de slaapkamer in, ongewis van het misbaar dat hij had veroorzaakt. Op dat moment belde de verloskundige, die onder de douche had gestaan en nu hoopte eindelijk nog wat slaap te kunnen inhalen. Zuchtend legde ze uit dat het verschijnsel van Bent wel vaker voorkwam. Niets om ons zorgen over te maken. Kinderen zijn ontzettend veerkrachtig. Het jochie was bij de bevalling samengeperst, zijn lichaam had even tijd nodig om hiervan te herstellen. Dat ging met reacties gepaard die anders waren dan bij volwassenen. Hij had gekird, niets meer.

Nadat de verloskundige had opgehangen ging de voordeurbel. Me verontschuldigend voor mijn overbezorgdheid liet ik twee ambulancebroeders binnen. Ze wilden toch even naar het patiëntje kijken, zeiden ze, waarna ze me volgden naar de slaapkamer. Daar zagen we Teaske, die verstijfd van angst een dieppaars kind in haar armen hield. Ze heeft iets geroepen. Een van de broeders snelde toe en nam Bent van haar over. Het zullen wederom de hersenstofjes zijn geweest die ervoor zorgen dat we pijn snel vergeten: ik herinner me van de momenten daarna niet veel meer dan wat *stills* en *thumbs*. Op een van de beelden zie ik Bent met een ontbloot bovenlijfje en de toppen van drie mannenvingers. Nooit geweten dat een baby gereanimeerd kan worden. Nooit willen weten dat een baby gereanimeerd kan worden. Op een ander plaatje zie ik een mondkap met een doorzichtige ballon eraan en een broeder die mijn zoon met zijn hand beademt.

Bent werd in een deken gewikkeld en een broeder vroeg gehaast of ik mee wilde rijden naar het ziekenhuis. Ik had vijf seconden voor een wezenloze beslissing: stuurde ik een doodziek drie-urig jongetje moederziel alleen mee met twee onbekende mannen, of liet ik een jonge vrouw die net een zware bevalling had gehad achter terwijl haar zoon haar werd afgenomen? En wat als hij stierf? En wat als zij de spanning niet overleefde?

'Zal ik Ludo of Egon bellen of een van hen je gezelschap houdt?' riep ik.

Ik stond in de deuropening van de slaapkamer. Teaske keek me verwilderd aan.

'Ik bel mijn moeder,' zei ze.

Thorvaldsen, 18.17 uur
De barman heeft op een manshoog flatscreen een wedstrijd uit de Engelse Premier League opgezet. Zwitserse Frank en Govert komen het café binnen, beiden verheugd dat er wordt gevoetbald. Zelfs bij het bestellen van bier blijft Govert met een half oog naar het scherm kijken. Het wordt tijd dat ik Frank en Govert bij je introduceer, anders blijven die personages wat hangen, denk je niet? Niet dat ze voor mijn verhaal heel belangrijk zijn, maar ze zijn er nu eenmaal bij en ze doen al acht jaar de techniek van onze shows. Dit betekent dat ik minstens vier dagen per week met deze mannen eet, drink, praat en lach. Er zijn geliefden die ik minder vaak heb gezien.

Nu is het eigenlijk niet zo dat zij tot de entourage van Egon, Ludo en mij behoren: wij zijn die van hen. Zwitserse Frank en Govert zijn het ware hart van theatergezelschap Groep Smulders. Iedere speeldag komen zij om twaalf uur 's middags aan in het theater, om samen het decor op te bouwen. Om vier uur 's middags arriveren wij met de toerbus, die wordt gereden door onze kok Ordy. Tot voor twee jaar geleden hadden we ook een derde technicus (Belgische Frank), maar daar hadden we geen geld meer voor. Dit betekent dat Zwitserse Frank en Govert nog harder moesten werken, maar dat is hun niet aan te zien. Zij stralen namelijk te allen tijde een onvoorstelbare rust uit. Het woord hiervoor is onverschrokken; Frank en Govert zijn de meest onverschrokken mensen die ik ken.

Tijdens ons tweede seizoen speelden we in het theater van Gouda. We hadden toen nog de gewoonte om voor aanvang een balletje te trappen op het toneel. Veel podia hebben naast de arena een hoge ruimte om decorstukken te stallen. Wachtend op aanvang lummelden wij hier wat. De vloer van de grote zaal in Gouda is perfect om te voetballen. Het gordijn was dicht en onder het verwachtingsvolle geroezemoes van de vollopende zaal tikten wij onze productiebal vrolijk rond. Het bruine monster werd door Govert over Ludo gelobd, waarna hij ideaal opstuiterde om door Egon snoeihard tegen het gordijn van de coulissen te worden gepegeld. Egon kan goed gericht schieten, maar hij heeft later altijd ontkend dat hij er bewust op richtte. In plaats van het gordijn raakte zijn schot namelijk het brandalarm dat naast de coulissen hing, vol in het glas.

Hierdoor werd er een protocol in werking gezet dat niemand kon onderbreken. Er begonnen direct in het hele gebouw sirenes te loeien, het voorgordijn ging automatisch open, terwijl op hetzelfde moment een brandwerende kunststofwand snel naar beneden zakte om de zaal hermetisch van het toneelhuis te scheiden. Even zag het publiek ons staan, en wij keken terug als konijnen in groot licht. We zaten twee minuten voor aanvang, de mensen in de zaal dachten dat dit bij de show hoorde.

Inmiddels was de brandweer van Gouda al met groot materieel uitgerukt, ook dat bleek niet te stoppen. Het publiek moest worden geëvacueerd, dat was een voorschrift waarvan niet kon worden afgeweken. Iedereen moest het gebouw verlaten. En zo stonden we met het publiek op de parkeerplaats naast het theater te wachten tot we weer naar binnen konden. Dit duurde lang, want zoals banken de toegang tot hun kluizen vaak vertragen, zo kon ook het brandwerende rolgordijn pas na een half uur weer worden opgetakeld. Gedurende dit half uur waren veel mensen boos, of aangeslagen, of bedroefd, of bang (Egon, met name). Sommige bezoekers wilden hun geld terug, bij een oudere meneer speelde een oorlogstrauma op en een hysterisch gillende schouwburgmedewerker kwam melden dat de kosten van dit geintje op ons zouden worden verhaald. De enige drie die zich niets van alle ophef aantrokken waren Govert en de twee Franken, die in een hoek van het parkeerterrein onverschrokken een balletje lummelden.

Na al die jaren zijn er privéspreekwoorden ontstaan, een idioom dat alleen door mensen binnen de productie kan worden geduid. Een van onze vaste gezegden werd: 'Wat zou Govert doen?' Dit zeiden we tegen elkaar als iets erg fout ging of rampspoed dreigde. Een blikschadeongeluk van Egon. Hoe zou Govert dit aanpakken? Ludo die een nooddeur had geopend. Kunnen we hier 'een Govert' op loslaten? Govert is de kalmste man denkbaar. Stel je een uitverkocht Ajax-Feyenoord voor en een zelfmoordterrorist die zijn vinger dreigend bij de afstandsbediening houdt van het ontstekingsmechanisme van de atoombom die hij heeft geplaatst onder de middenstip van de Arena. Is er een uitweg, een oplossing, een Govert?

Terug naar de ambulance
Ik zat op een uitklapstoeltje in een wagen die met hysterische sirene door de stad scheurde. Naast me in de ambulance werd Bent gereanimeerd door een broeder. Ik keek ernaar, machteloos, onbeholpen, Govert aanroepend. Mijn gedachtengang verengde zich tot een mantra van ontreddering en angst:
Redt hij het?

Haalt hij het?

Leeft hij nog?

Redt hij het?

Haalt hij het?

Leeft hij nog?

Haalt hij het?

Leeft hij nog?

Redt hij het?

De broeder had belangrijkere dingen te doen dan met me te praten. Ondertussen sprak de man achter het stuur met het ziekenhuis. Hij kondigde onze komst aan en gebruikte het woord resuscitatiekar. Ik keek naar de toeters en bellen waarop Bent inmiddels was aangesloten. Getallen die mij niets zeiden, geluidjes die alles konden betekenen.

Inmiddels was me duidelijk dat Bent deze rit niet ging overleven. Hij lag langdurig paars en levenloos op de behandeltafel in de ambulance, een pop van vlees, een ossenhaas met ledematen. Tientallen scenario's schoten door me heen. Ik zag de ogen van Teaske toen ik haar vertelde dat haar zoon het niet had gered. Ik zag de woede in de ogen van haar verder onscherpe moeder. Ik depte Teaskes tranen. Ik hoorde mezelf bellen met Junior. Ik las in de krant dat de zomerstop van onze tour langer zou duren wegens privéomstandigheden. Verderop in de krant de overlijdensadvertentie. Ik zag een zaal met rouwende vrienden, familieleden van Teaske, witte bloemen, een baar, de troostende arm van Egon. Ik voelde het verdriet van Teaske, haar strijd, haar depressie, mijn onmacht, haar zelfmoord omdat ze het verlies van Bent nooit te boven zou komen. Ik zag mezelf verhuizen naar een hutje in Oost-Groningen, weg van Groep Smulders, me terugtrekkend uit de wereld. Nooit meer een glimlach om mijn mond. Mijn leven eindigde daar in die ambulance.

Inmiddels was Bent weer bijgekomen. Bij aankomst in de wagensluis stond de complete cast van een ziekenhuisserie op ons te wachten. Het behandelbed werd uit de wagen gereden, waarna zes witte jassen zich over Bent bogen. Hij werd vastgekoppeld aan weer andere apparaten. De ambulancebroeders namen afscheid en wensten me sterkte. Geen goed teken, als medisch personeel je sterkte begint te wensen. Toen ze waren verdwenen stond ik in een hoekje zwijgend te kijken naar het team om Bent. Er kwamen nieuwe metingen, nieuwe getallen, nieuwe geluidjes. Na verloop van tijd reed een verpleegkundige een kattenmand op wieltjes voor. Zijn tocht door het ziekenhuis begon.

De verdieping heette Neonatologie, de afdeling waar Bent werd neergelegd de Neonatale Intensive Care Unit. In het voorportaal van deze zaal moest ik mijn handen en onderarmen wassen met ontsmettende zeep.

'Als u een trouwring hebt moet die af,' zei een verpleegkundige in het voorbijgaan. Ik keek naar mijn ringloze vingers.

Bent had in de couveuse een leefruimte ter grootte van een magnetron, maar de hoek waarin hij lag was ruimer dan mijn eerste studentenkamer. Verderop in het vertrek stonden ouders bij een couveuse, in het wiegje naast Bent lag een baby aan een beademingsapparaat. Ik voelde me een indringer en sloeg mijn ogen neer. Dit was niet mijn wereld, ik was een buitenstaander die hier snel weg zou zijn.

Wéér nieuwe apparaten, wéér nieuwe draden. Een verpleegster zette twee computerschermen aan, een ander hing zakken vocht in een rek. Twee artsen kwamen zich voorstellen, een jonge neonatoloog en een oudere arts.

'U bent de vader?' vroeg de eerste streng.

Die vraag had ik niet verwacht.

'Ja,' zei ik ongemakkelijk; een beetje detective zou me zo hebben ontmaskerd. De artsen nodigden me uit hen te volgen naar de aanpalende ouderzaal, waar we ongestoord konden praten. De ernst waarmee ze dit zeiden was natuurlijk een slecht voorteken.

De ouderzaal was ingericht als een heel erg steriele huiskamer. Er stond een tv, er was een keukenblok, er lagen boeken in de kast. Ik voelde me er onmiddellijk niet-thuis.

De neonatoloog vertelde dat de eerste uitslagen van hun onderzoeken binnen waren. Hij had het over een mogelijke infectie, bloedwaarden, suikers, een cocktail aan antibiotica, Bents moeizame ademhaling en eventuele streptokokken. Toen hij zweeg zei de oudere arts: 'Kortom, we hebben geen idee wat er aan de hand is.'

Deze mededeling klonk vreemd genoeg vertrouwenwekkender dan het betoog van de jongere dokter.

'Hoelang gaat u hem hier houden?' vroeg ik.

'Daar kunnen we echt niets over zeggen,' zei de neonatoloog resoluut.

De oudere arts keek mij aan, bijna vaderlijk. Zijn lippen bleven op elkaar. Zijn ogen zeiden dat ik ervan uit mocht gaan dat het een lange tijd zou duren.

Ondertussen kwamen er een paar sms'jes binnen. Op de intensive care mocht mijn mobiele telefoon niet aan, dus ik bekeek de felicitaties van Junior en Zwitserse Frank op de gang. Steeds probeerde ik te bellen met Teaske, maar de ene keer was ze in gesprek, de andere keer nam ze niet op. Een verpleegkundige vroeg of er nog meer familie naar het ziekenhuis zou komen (blijkbaar een gebruikelijke gang van zaken). Ik schudde van niet. Ik ben alleen op de wereld, ik los al mijn problemen zelf op. Inmiddels was de zon al bij Amerika, het ziekenhuis maakte zich op voor de nacht. Bij Bents couveuse stond een luie stoel voor me klaar. Ik ging zitten en keek naar het knulletje: hij had een permanente temperatuurmeting, hartbewaking, zuurstofbloedmeting en twee infusen. Verderop namen de laatste ouders afscheid van hun baby, in het voorbijgaan keken ze me even aan.

'Net binnen?' vroeg de vader zacht.

Wat me die eerste avond opviel: het mozaïek van klanken. Op de zaal waar Bent lag klonk een zacht concert van honderden veelkleurige bliepjes en belletjes, doorsneden met babygeluidjes en gepruttel. Ik zat verlaten aan Bents bed, kijkend naar zijn ingesnoerde lichaampje. Hij had zijn mensenkleur weer terug, zijn ademhaling was snel en energiek. Er was ogenschijnlijk niets met hem aan de hand, al lag hij aan dertien snoeren en twee levenslijnen.

Levenslijn. De betekenis van dit woord werd me uitgelegd door de jonge neonatoloog. Natuurlijk heb ik altijd een notie van het begrip gehad, maar pas na zijn toelichting drong de ware betekenis tot me door. Als Bents levenslijn haperde zou hij sterven. Hij moest glucose hebben. Hiervoor verantwoordelijk waren twee (2) lullige slangetjes, een was verbonden met de opening van zijn navelstreng en het andere zat in zijn lies – die hem letterlijk in leven hielden. Twee slangetjes van samen nog geen millimeter dik.

'Waarom twee slangen?' vroeg ik.

'Eén hoofdlijn en de ander voor de zekerheid,' zei hij.

Voor de zekerheid.

'Ik bedoel: waarom niet twintig levenslijnen?'

Dit klonk als een grapje, maar ik meende het. Als het aan mij had gelegen hadden de artsen hem aangesnoerd met een kluwen aan levenslijnen, als een baby-Gulliver.

Op de gang probeerde ik voor de zoveelste keer Teaske te bellen, maar ze nam weer niet op. Toen ik mijn oproep beëindigde rinkelde prompt mijn toestel.

De verloskundige.

Ik wilde haar wegdrukken, maar mijn duim nam het gesprek aan. Plichtmatig zei de verloskundige dat ze wilde checken hoe het ermee stond. Voordat ze een zoveelste poging ging doen slaap in te halen, voegde ze er quasi-verwijtend aan toe, wat ze nog steeds niet had gedaan, omdat er weer twee zwangere vrouwen haar aandacht hadden opgeëist, het was een toptijd, qua bevallingen, had ze maar een ander vak gekozen, dacht ze weleens.

Ik liet haar uitpraten.

'Bent slaapt,' zei ik, toen haar zin stokte.

'Dat dacht ik al. En hoe is het met Teaske? Slaapt zij ook?'

Door het raam van de gang keek ik naar het bedje van Bent.

'Dat weet ik niet,' zei ik. 'Ik neem aan van wel.'

Even bleef het stil.

'Eh...'

'Ik ben nu niet bij Teaske.'

Ik hoorde de verloskundige nadenken. Misschien concludeerde ze dat ik een optreden had of dat ik naar mijn stamcafé was gegaan om pathetisch aan al mijn vrienden te verkondigen dat ik een zoon had. Dat soort dingen zie ik weleens in commercials.

'We zijn in het ziekenhuis,' zei ik. 'Teaske is nog thuis. Bent is vanavond door een ambulance opgehaald...'

Ik liet een getimede stilte vallen.

'Het bleek toch niet helemaal gezond te zijn dat hij voortdurend paars wegtrok. De broeder heeft hem gereanimeerd in de ambulance onderweg naar de NICU.'

Toen ik dit zei besefte ik dat ik deze zin halfbewust moet hebben gerepeteerd.

De verloskundige vloekte hard. Ze zei wantrouwig dat ze het zich niet kon voorstellen.

Ik antwoordde niet.

'Waarom heb je me niet gebeld?' vroeg ze, bijna verwijtend.

'Ik heb je gebeld,' zei ik. 'Jij zei dat kinderen ontzettend veerkrachtig zijn. De geluidjes die Bent maakte noemde je gekir. Als ik die ambulance niet had gebeld was hij nu dood geweest. Verder niets aan de hand.'

Met iets meer deemoed vroeg ze naar medische details. Afgemeten gaf ik een verslag van wat de artsen mij hadden gezegd. De verloskundige stelde voor dat ze even zou langskomen in het ziekenhuis.

'Ik zie niet in wat je nu nog zou kunnen doen,' zei ik, 'en daarbij: je hebt je slaap volgens mij echt nodig.'

Dat klonk onbedoeld sarcastisch, maar ze sprak het niet tegen en zuchtte diep.

'Je kunt me helpen,' zei ik. Bent lag te slapen en de artsen hadden gezegd dat ik naar huis kon gaan, maar dit stuitte me tegen de borst. Ik keek op mijn horloge en kon het bijna niet geloven: het knulletje was nog geen zeven uur oud. Ging ik hem nu al in de steek laten? Ik wilde dit bespreken met Teaske, die ik niet te pakken kreeg. Zij had een zware bevalling gehad, maar lag nu moederziel alleen in een bed op bierkratten. Hoe groot was haar verdriet? Waar was ik om haar te steunen? Ik vroeg de verloskundige wat ik moest doen.

'Ga naar huis,' zei ze.

En zo stond ik een minuut later met mijn jas aan bij het hoekje van Bent. Een paar jaar geleden gaf Groep Smulders op een symposium over Geestelijke Gezondheid een voorstelling voor driehonderd cliënten met een borderlinesyndroom. Dat was een spectaculair optreden, omdat borderliners jaloersmakend extreem zijn in al hun primaire emoties. Nooit werkte een voorstelling zo goed als die namiddag. De patiënten lachten niet, ze gierden. Ze waren niet gechoqueerd, ze reageerden ziedend. Ze waren niet ontroerd, ze hadden natte wangen van verdriet. 'Zaten jullie iedere avond maar in onze zaal. Kunnen we jullie niet inhuren?' zei Egon halverwege de show, waarop het publiek het uitgilde. Na afloop dachten sommigen werkelijk dat ze mee mochten op tournee.

Het is een ondermijnende psychische afwijkinn om je leven te laten regeren door buitensporige emoties. Ik ben van de tegenovergestelde patiëntengroep: ik heb simpelweg geen serieuze primaire gevoelens. Als ik schater doe ik dat ingetogen, ik ben nauwelijks te choqueren en ontroering bereikt mijn traanbuis alleen als ik te veel heb gedronken.

Bent leek vredig te slapen in zijn magnetronnetje.

Een al oudere nachtverpleegster kwam achter me staan.

'U kunt hem met een gerust hart hier laten,' zei ze. 'Wij houden uw kleine jongen de hele nacht in de gaten.'

Verdriet zit voornamelijk in details. Het zullen de woorden 'uw kleine jongen' zijn geweest. De zuster legde haar hand op mijn schouder.

Vijf maanden later
Junior heeft een tafel voor ons gereserveerd in een restaurant genaamd Sjávarkjallarinn, dat op loopafstand van Thorvaldsen ligt (Reykjavik is zo klein dat alles valt te bewandelen). Volgens Junior wordt Sjávarkjallarinn door het zakenblad *Forbes*, ondanks de financiële crisis, gerekend tot de honderd beste restaurants ter wereld. Het restaurant ligt in een kelder en ziet eruit als een nachtclub. Toen IJsland een paar weken geleden nog het meest welvarende land ter wereld was, moet dit de ultieme hotspot zijn geweest. De ober vraagt of we hebben gereserveerd. Met een zucht streept hij de enige naam in de reserveringslijst door.

Als we aan een ronde tafel zitten bestelt Junior champagne.

'We hebben wat te vieren,' zegt hij, terwijl de ober kristallen glazen neerzet en de barman een fles begint te ontkurken.

De Nederlandse theaterwereld zit vreemd in elkaar. Mensen willen niet alleen hun vliegvakanties een jaar van tevoren boeken, maar ook hun theaterbezoek (en het liefst ook hun begrafenis). Daarom moeten er aan het begin van een nieuw seizoen alvast nog nieuwere programma's worden bedacht voor het seizoen daarná. En zo kan het gebeuren dat van een show die nog niet bestaat al bijna alle kaartjes zijn verkocht.

Junior houdt zijn glas champagne triomfantelijk in de lucht: 'Heren, de aanbieding van *Voor iedereen een uitzondering* is gesloten. Er zijn driehonderdtwintig voorstellingen geboekt, waarvan bijna tweehonderd al tot op de laatste stoel uitverkocht. Een record. Proficiat, jongens!'

Goed, dit is wat we nu als gezelschap weten: hoe het ons en de wereld ook mag vergaan, over precies anderhalf jaar staan wij met een voorstelling genaamd *Voor iedereen een uitzondering*, waarvan nog geen woord geschreven is, voor een uitverkocht huis in multifunctioneel theater de Schalm in Waaldorp. De dag daarna doen we de Steuf in Lennebroek. Een dag later de Knoep in Hankersdijk. De Fuk in Vaessensdam. De Drol in Hoogeland. De Klit in Marmelo. De Gulp in Bremmersvorden. De Nattewind in Gietsenbeek. Cabaret een vrij beroep? Laat ons niet lachen.

'Driehonderdtwintig voorstellingen geboekt,' herhaalt Junior, met zijn glas triomfantelijk in de lucht. Als ze in Reykjavik Pakistaanse rozenverkopers hadden, kon ik een polaroid bijvoegen. Helemaal links zou je Zwitserse Frank zien, met zijn champagne uitgelaten omhoog. Driehonderdzoveel voorstellingen betekent voor hem tweeënhalf jaar inkomen — natuurlijk proost hij op het verbetene af mee. Ook Govert, rechts van Frank, houdt zijn glas vrolijk vast. Govert is een gewilde technicus en kan bij ieder gezelschap aan de slag, maar hij zal ons nooit verlaten. Hij is de vierde Smulders. Daarnaast de broers Egon en Ludo, minzaam, zelfverzekerd, op het arrogante af. Nu al bijna tweehonderd voorstellingen uitverkocht, dat betekent dat we met een paar goedgetimede tafelheerschappen bij talkshows een *land slide* kunnen maken: een totaal uitverkochte tour. Wanneer is dat voor het laatst gebeurd in cabaretland? Junior zit naast Ludo. De blik van onze founding father grenst aan caesarenwaanzin, zijn ogen stralen, gloeien bijna. Hij is een succesvol entertainmentondernemer en de wereld zal het weten.

Daarnaast zit ik. Mijn glas staat voor me op tafel. Ik hou mijn *labium superius oris* en mijn *labium inferius oris* stijf op elkaar.

De nacht na de geboorte van Bent
De ogenblikken dat het erop aankomt. In de taxi terug naar huis, naar Teaske, zei de Turkse man achter het stuur geen woord tegen me. Hij knikte nors toen ik mijn adres noemde en zette met een nauwelijks ingehouden zucht de meter aan. Een zucht. Wat had ik hem misdaan? Ik vind dat taxichauffeurs die 's nachts posten bij ziekenhuizen op z'n minst enige empathie mogen hebben. Taxirijden is meer dan alleen een stuur vasthouden. Wie bezopen feestgangers ophaalt bij disco's mag afstandelijk zijn tegen cliënten, wie 's nachts vaders van doodzieke baby's naar huis brengt hoort godvergeten mee te leven. Even vragen hoe het gaat, even een begrijpende blik, een berustende hoofdknik, een vaderlijk advies, een stuk baklava voor mijn part.

Achter in de taxi stelde ik me voor dat ik de chauffeur bevrijdend zou wurgen. Ik werp een stalen draad, die ik toevallig bij me heb, om zijn nek en trek de uiteinden net zo lang naar elkaar toe tot het gegorgel uit het armzalige keelgat van die gevoelloze hufter verstomt. Ik plant een schroevendraaier in zijn achterhoofd en wacht hoelang het duurt tot we tegen een geparkeerde auto knallen. Hij krijgt een pistool tegen zijn slaap, ik laat hem rijden naar een verlaten loods in de haven, waar ik hem vastbind op een stoel. Besefte hij dan niet dat mijn zoon het ternauwernood heeft overleefd? Er zijn verzachtende omstandigheden, meneer de rechter, zou ik later zeggen. Ik was niet toerekeningsvatbaar. Dit soort gedachten heb ik nooit.

De taxi stopte voor mijn huis. De chauffeur noemde het ritbedrag en ik zou weleens in therapie willen om erachter te komen waarom ik zo'n man nog een fooi geef ook.

De nacht was kil, mijn straat verlaten, het mistte om de lantaarnpalen. Ik zag dat de lichten van mijn appartement brandden. Gelaten repeteerde ik wat ik Teaske ging vertellen. Bespottelijke frases. Haar zoon was *buiten levensgevaar*. Hij was *in goede handen*. Alles was *onder controle*. Leed, verpakt in steriele nietszeggendheden.

Bij de voordeur riep ik dat ik het was, maar er kwam van boven geen reactie. Wie had het anders kunnen zijn? Ik sloeg de eerste verdieping over en liep direct door naar mijn slaapkamer, waar het licht nog aan was. Daar lag ze, Teaske. Ik keek naar haar en voelde mijn hart kloppen in mijn vingertoppen.

Ze had een grijsbleke kleur, haar gespreide benen lagen in een grote zwartrode vlek. De telefoon lag naast haar, vaag hoorde ik de ingesprektoon.

Zo'n moment dus.

Ik probeerde mijn ademhaling onder controle te krijgen door mijn longen een paar keer diep vol te zuigen. Teaskes voorhoofd was klam en koel. Hard riep ik Teaskes naam. Met mijn andere hand pakte ik haar schouder en ik schudde haar bovenlichaam. Ze kwam niet bij, er was geen leven in te porren. Nog harder riep ik. Teaske! Teaske! Teaske, de vrouw die de vier maanden daarvoor letterlijk iedere twaalf seconden in mijn gedachten was geweest, die in mijn huis was komen wonen, die ik duizenden sms'jes had gestuurd, die een zware bevalling had gehad en nu lag dood te bloeden op mijn bed. Het bizarre is dat ik me niet kan herinneren dat ik iets heb gevoeld. Ik had slechts één doel: handelen. Het kwam erop aan. Ik moest iets doen.

Ik pakte het dekbed en wierp het over haar lichaam, terwijl ik de telefoon greep. Ik drukte wie-ze-ook-aan-het-bellen-was weg en zocht trillend de toetsen 112. Wachtend op antwoord draaide ik met een machteloos gebaar de verwarming op de hoogste stand.

Na een doorschakeling kwam er een medewerkster aan de lijn, een andere dan degene die Bent naar het ziekenhuis had geloodst. In staccato blafte ik wat er aan de hand was. Bevalling. Nabloeding. Levenloos. Baby al in ziekenhuis. Lijkbleek. Monseigneur Van de Weteringstraat.

'Ik stuur nu een ambulance,' zei de mevrouw, 'en ik wil dat u antwoord geeft op mijn vragen.'

Of Teaske nog ademde.

Of er sprake was van hartactiviteit.

Of haar hart nog klopte.

Ik legde mijn hand op Teaskes borst. Een vinger voor haar mond.

'Ik weet het niet,' zei ik. 'Ik hoor niets.'

'Kunt u uw vrouw een pijnprikkel geven?' vroeg de telefoniste. 'Leg uw duim net boven haar sleutelbeen en uw wijsvinger op de bovenkant van haar rug en knijp uw echtgenote zo stevig mogelijk.'

Ik deed wat de vrouw me opdroeg, schoof Teaskes T-shirt opzij, plaatste mijn vingers op haar schouders en kneep of haar leven ervan afhing.

Teaske kreunde, haar oogleden trokken samen. Niet dat ze bijkwam, maar ze was in ieder geval niet dood. Ludo's *tertium non datur*-principe.

'Ze leeft,' zei ik tegen de telefoon.

En toen opende Teaske heel even haar ogen. Met het begin van een glimlach keek ze me aan.

'Ik voel me heerlijk,' zei ze fluisterzacht, waarna ze haar ogen sloot en weer wegzakte.

Nog geen half uur later...
reed de ambulance het ziekenhuis binnen, door een andere sluis dan die van Bent. Er stonden drie mensen klaar om Teaske over te tillen op een bed, zodat zij meteen kon worden doorgereden naar de OK — er was al een chirurgisch team opgeroepen. Onderweg gaf een man in een witte jas me een hand. Toen Teaske en haar drie begeleiders aankwamen bij het bord UITSLUITEND PERSONEEL EN PATIËNTEN, hield de man mij tegen. Waar Bents behandelend arts de medische achtergrond zo eenvoudig mogelijk probeerde uit te leggen, leek deze dokter blij dat we als latinisten eindelijk even onder mekaar waren. Met even grommende als snelle stem stak hij een verhaal af over haemorrhagia post partum, fluxus, maternale morbiditeit, uterusatonie, natasten, ruptuur, trauma van de cervix, placentaresten, onvoldoende contractiliteit, trombopenie, gedissemineerde intravasale stolling, laceraties van het perineum, curettage, repositio, angiografische embolisatie, extirpatie, arteriële saturatie. Tussendoor gebruikte hij veelvuldig woorden als eventueel, misschien, mogelijk, soms, wellicht, uitzonderingsgeval.

'Dat gaan we nu allemaal uitzoeken en uitsluiten,' zei hij, en hij wees me een wachtkamer. Hierna verdween hij in het voor mij verboden gebied.

Het is onvoorstelbaar hoe nacht het 's nachts kan zijn. Zeker driehonderd nachten van mijn leven heb ik in een ziekenhuis als receptionist doorgebracht. Ik heb achter mijn nachtportiersbalie veel meegemaakt — gebeurtenissen waarvan ik de meest hilarische heb verwerkt in onze theatertournees. Toch viel deze nacht me zwaarder dan al die andere. Ik zat in een helverlichte wachtkamer, op een bankje met drie kuipstoeltjes, naast een plastic kamerplant en een bak stukgelezen tijdschriften. Even overwoog ik om Bent te gaan zoeken, maar deed dit niet omdat ik er per se wilde zijn mocht zijn moeder me nodig hebben.

Wat me achteraf het scherpst bij zal blijven van dat moment in die wachtkamer is de volstrekte humorloosheid die zich van me meester maakte. Ik schreef je gisteren dat ik te allen tijde bewust en onbewust gespitst ben op humor. Alles wat ik zie of meemaak nodigt uit tot een stroom vaste vragen: Waar zit de grap? Waar zit de verdoving van het bekende, het vervreemdende element, de gecultiveerde onbeschaamdheid, de bananenschil? Ik heb Egon, Ludo, mezelf en tientallen andere cabaretiers in interviews horen beweren dat er geen onderwerpen denkbaar zijn die niet als materiaal zouden kunnen dienen. Er zijn geen taboes, alles kan verbrijzeld worden door de kaken van de lach. Cicero schreef dat er werkelijk geen levenssituatie denkbaar is waarin voor humor geen plaats is. *Fuck* Cicero.

Het was half twee 's nachts in een doodstil ziekenhuis. Verderop in het gebouw sliep het jongetje dat ik mijn zoon noemde in een couveuse. In de gesloten afdeling naast me werd de vrouw die mijn hele bestaan overhoop had gegooid, geopereerd door met spoed in huis gehaalde specialisten. Misschien was het mijn vermoeidheid, de heftigheid van alles op mijn pad. In mijn hoofd zong een mantra van pure ontreddering:

Redt ze het?

Haalt ze het?

En wat als ze het niet overleeft?

Redt ze het?

Haalt ze het?

En wat met hem als zij het niet overleeft?

Redt ze het?

Haalt ze het?

Er was niets in deze malende gedachtenstroom waarin een grap viel te ontdekken.

EN MIJN OMSTANDIGHEDEN

Vergeet mensen. Vergeet kranten, vrienden, collega's. Vergeet politiek. Vergeet te eten. Vergeet familie. Vergeet hoe je op jezelf lijkt. Vergeet te tanken. Vergeet je club, je pen, je tas. Vergeet te betalen. Vergeet vuilniszakken. De post. De verjaardag van je beste vriend. Vergeef het gedrag van anderen. Vergeet je kleren. De dingen. Het nieuwe theaterseizoen. De zenders. Vergeet vooral verantwoordelijkheid. Vergeet het geboer van de man in de straat. Vergeet de moraal. Vergeet te smeren. Te vloeken. Te zuchten. Te wassen. Vergeet pijntjes uit je jeugd. Ergernissen. Muizenissen. Vergeet de lach van het meisje, toen en daar. Vergeet je parkeerplaats. Het slot op de deur. Vergeet de lik, de stoot, de schaamte achteraf. Vergeet de vergrendeling. Vergeet wachtwoorden. De onzin. Randvoorwaarden. Kleine lettertjes. Vergeet in godsnaam de hartenklop van de tijd. Vergeet welke verdieping. Vergeet wat er mis ging op Ameland. Vergeet kritiek. Vergeet kwaadaardige baardapen. De kleine kwinkslag. Vergeet de hoon. De gutsende haat. Vergeet vastgeroeste denkbeelden. Vergeet de kluwen, het beest. Vermijd Hilversum. Vergeet de druk. De koorts. De drang. Het vuur. Het lawaai. Vergeet ook de schuurmachine van je buurman. Vergeet deskundigen. Vergeet analyses. Vergeet hoe onbelangrijk alles is. Vergeet jouw brieven. Vergeet het idee dat je je lot in eigen handen hebt. Vergeet niet de liefde voor hem, voor haar en voor elkaar.

Altijd hysterisch geroepen dat ik een stoïcijn was. Stoïcijnen denken dat de dingen gaan zoals ze gaan en geen moedertjelief dat daar iets aan verandert. Het hevigste leed is inzien dat wijzelf de enige oorzaak zijn van al onze tegenslagen, schreef Sophocles. Emoties bij voorspoed of tegenslag zijn volgens stoïcijnen het gevolg van een onjuist oordeel. Wanneer we worden geslagen doet dit pijn. Ons verdriet hierover voelen we omdat we ooit hebben besloten dat pijn fout is. Dat besluit hadden we nooit moeten nemen. Vice versa ons blijde gevoel over winst en vreugd.

Wachtend in het ziekenhuis, in de kamer vlak bij de operatiekamer van Teaske, was een stoïcijnse levensopvatting niet vol te houden. Er zijn lieden die beweren dat het geluk of ongeluk in je leven afhangt van het zelfinzicht dat je verwerft in tijden van tegenslag en voorspoed. Dat klinkt diepzinnig, maar zelfinzicht was het allerlaatste dat me bezighield aan het bed van Teaske. Alles was teruggebracht tot één woord: overleven.

Wist ik wat ik deed in mijn radeloosheid? Als Bent en Teaske dit overleven, zei ik tegen het diepst van mijn gedachten, dan zullen de dingen anders worden, ga ik mijn leven beteren. Een half jaar later begrijp ik nog steeds niet precies wat ik daarmee kan hebben bedoeld, maar toen kwam het me logisch, zelfs louterend voor. Een gebed zonder God. Zorg dat Teaske en Bent het ziekenhuis met een kloppend hart verlaten en ik zal herbezinnen, beteren.

Notitie in de hij-vorm
In het opgewekte rumoer van de ochtend. Nadat hij van gistermiddag vroeg tot vannacht laat heeft gedronken, en nu toch alweer, als enige van de groep, op de afgespro-

ken tijd aan het overdadige ontbijt is aangeschoven, in de wetenschap dat de anderen te laat voor de *salutatio* en zonder verontschuldiging hiervoor zullen verschijnen, bedenkt hij dat het uitgangspunt van alle verhalen en alle humor iemand is die in de problemen zit.

Het is half tien. Café Paris in Reykjavik, de plaats om te zijn voor een ontbijt. Over een uur worden we door Ragnheidur Fjalardóttir opgehaald voor een rondrit over het eiland. Ik zit in een hoek van het café, ingebouwd tussen IJslanders. Rechts van me deelt een oudere vrouw een tafel met twee jongens, links zit een meisje met haar kind (ze hebben beiden papierwit haar). Dat inteelt niet altijd verkeerd hoeft uit te pakken bewijst het gemiddelde uiterlijk van de IJslandse vrouwen, die of helblond of pikzwart haar hebben, maar allemaal lijken op het geslaagde zusje van Björk. Het meisje belt, het jongetje heeft een zoutvaatje in zijn hand alsof het zijn mobiele telefoon is. Hij vertelt de persoon aan de andere kant van het zout een goeie bak, in het IJslands.

Ik open mijn laptop en kijk naar het beginscherm: een foto van Bent. Werktuigelijk surf ik naar een paar vaste nieuwssites. Hierna klik ik op een pagina van het Kinderziekenhuis. Er verschijnt een inlogscherm. Gedachteloos typ ik Bents naam en vul het wachtwoord in.

Dankzij een camera boven het bed kunnen naasten thuis, op hun eigen computer, naar hun zieke baby kijken. Een service die het ziekenhuis biedt aan ouders en familieleden. Zo hoeven ze zich niet schuldig te voelen als ze niet permanent aan het bed van hun kindje zitten. Onze *Bentcam*, zoals we het ding noemden, had ik permanent aanstaan in de weinige uren dat ik niet op de intensive care was. Toen Teaske na anderhalve week thuiskwam uit het ziekenhuis raakte ook zij verslaafd aan de aanwezigheid van Bent op het scherm. Ze kookte met Bent in de keuken.

We keken samen de late talkshows met Bent naast de tv op mijn laptop.

Toen Bent eenmaal was ontslagen, kwam ik er bij toeval achter dat ik nog steeds kon inloggen op de webcam. De eerste keer dat ik uit nieuwsgierigheid zijn inloggegevens typte zag ik tot mijn schrik een baby in zijn ziekenhuisbedje liggen. Even de totale verwarring. Bent lag in mijn werkkamer te slapen in zijn wiegje, en tegelijkertijd lag hij in het ziekenhuis op de intensive care. Zouden het opnames zijn, dacht ik. Zouden ze hem hebben getaped? Gingen ze de banden verkopen? Hebben we al die tijd thuis naar fakebeelden gekeken? Ik keek naar het mij onbekende rompertje dat de Bent op de webcam droeg. Toen drong tot me door dat ik niet naar Bent keek, maar naar een vreemde baby. Direct klikte ik de pagina weg.

Om hem meteen toch weer op te starten. Dezelfde baby in hetzelfde bedje. Even ging er een arm over het bedje heen. Mijn eerste reactie was om het nummer van het ziekenhuis te bellen en de fout te melden. Maar Bent begon te huilen of Teaske riep iets en de voordeurbel ging, terwijl mijn tante belde. Ik zette de computer uit en vergat het probleem.

Een paar dagen later probeerde ik het opnieuw, in de hoop dat de fout inmiddels was hersteld. Er verscheen wederom een vreemde baby op mijn laptop. Ik zat op dat moment op mijn bank, met een bel Glenrothes in mijn hand. Teaske en Bent lagen te slapen, de baby op het scherm werd door een verpleegster gevoed voor de nacht. Een voyeur voelde ik me, maar ik bleef kijken en nippen van mijn drank.

Ik heb de fout nooit gemeld. Niet dat ik vaak heb ingelogd om naar onbekende kinderen te kijken, maar de afgelopen weken kon ik soms de neiging niet onderdrukken. Het is een vreemd besef dat er nu, op dit moment, terwijl ik dit schrijf en jij dit leest, kinderen op de intensive care liggen te vechten voor hun leven. Die bedden zijn altijd gevuld, die camera staat altijd aan.

Ik bel Teaske voor onze dagelijkse stemmingsberichten en waterstanden. Bent ligt op haar borst, vertelt ze zacht, ze vraagt of ik hem aan de lijn wil. 'Hij heeft net zijn hele flesje van 120 cc op.'

Ik hoor een stilte en daarna de geluiden van een ademende baby.

'Ha die Bent!' roep ik. 'Ha vent! Hoe is het nu? Hoe is het nu, kerel? Heb je goed gedronken? Ik hoor dat je goed hebt gedronken. Goed drinken, hè? Hé jochie! Oehoe. Dit is je pappa! Behent, dit is Giph hier! Oehoe!'

Een half jaar geleden heb ik ook naar Bent geroepen, in mijn appartement, toen Teaske nog in blijde verwachting was en Bent nog geen Bent heette, maar in een zachte zak water lag te wachten op het zonlicht.

'Hij probeert de hoorn te pakken,' zegt Teaske, 'maar het kan ook een spasme zijn.'

'Kijkt hij blij?' vraag ik.

'Ja, heel blij.'

'En kijk jij een beetje blij?'

Ze zwijgt. Hoor ik een snik?

'Echt blij ben ik pas, als hij op zijn achtennegentigste vredig sterft in zijn eigen bed.'

Ik hoorde wat gestommel en hierna Teaskes gniffel. Ik gniffel terug. Met hulp van communicatiesatellieten en straalverbindingen overbruggen we 2086 kilometer, om tegen elkaar te gniffelen.

De tranen van mijn moeder. Dit speelt zich af in de jaren zeventig, in het haartijdperk. Net als mijn klasgenoten had ik een emmer haar op mijn hoofd. Op een dag nam mijn moeder me met een smoesje mee naar haar vaste kapsalon, waarvan ik me herinner dat er een lange batterij haardrogers stond.

Het was een overval.

'Jíj zou toch geknipt worden?' riep ik ontzet, toen de

kapper klaarstond met een wapperend laken.

'Maar jij ook even,' zei mijn moeder. 'Alsjeblieft.'

Het woord *even*.

De gebeurtenis zelf kan ik me niet meer voor de geest halen, maar wel de anekdote die mijn moeder er later over vertelde. Zwijgend schijn ik in de spiegel te hebben gekeken naar het werk van de kapper. Hij knipte en knipte en knipte. Op een gegeven moment wendde hij zich weer tot mijn moeder.

'En de pony?' vroeg hij.

Volgens mijn moeder heb ik gepiept dat hij die zo moest houden, iets wat ze niet heeft verstaan, beweerde ze achteraf. In plaats daarvan zei ze: 'Die mag wel wat korter.'

Toen de beul klaar was liet hij me met een ronde spiegel naar de achterkant van mijn hoofd kijken. Volgens mijn moeder heb ik vriendelijk geknikt. Hierna zwaaide de kapper met een majestueus gebaar zijn laken weer van mij af. Mijn moeder keek blij naar me op.

Ik zei dat ik even buiten een rondje ging lopen. Ook die tocht in de straat van de kapper staat me niet meer bij. Na ruim een half uur was mijn moeder gewassen, geknipt en geföhnd. Toen ze vanuit de zaak het trottoir op stapte riep ze direct mijn naam, maar ik zou niet hebben gereageerd. Voor mijn gevoel ben ik niet weggelopen, hoewel mijn moeder altijd beweerd heeft van wel. Omdat ze me niet meteen ontwaarde heeft ze een paar keer mijn naam door de straat geschald. Ik liet niets van me horen. Half in paniek is mijn moeder terug de winkel in gestapt. Twee kappers hebben hierna buiten helpen zoeken. Een van hen vond mij in een portiek. Met twee handen had ik het koord van mijn capuchon aan beide uiteinden strak getrokken, zodat mijn huilende gezicht onzichtbaar was.

'Wat is er?' vroeg mijn moeder.

'Niets,' schijn ik te hebben geroepen, vanachter de stof van mijn winterjas.

De kappers vertrokken weer en mijn moeder sloeg haar arm om me heen.

'Laat me je kapsel eens zien...' zei ze.

Ik, woedend: 'Nee!'

Mijn moeder, liefdevol: 'Waarom dan niet?'

'Daarom niet!'

'Vind je jezelf niet goed geknipt?'

'Nee!'

'Heb je jezelf dan wel goed bekeken? Laat mij eens kijken...'

'Neehee! Ik heb mezelf net gezien in een etalageruit. Het is verschrikkelijk.'

'Want?'

'Want?' riep ik. 'WANT?'

Waarna ik een zin riep die mijn moeder later niet zonder droge ogen kon navertellen: 'Want ik ben de allerlelijkste jongen van de hele wereld, mamma.'

Mijn moeder was verbijsterd.

'Echt waar,' schreeuwde ik huilend. 'Ik heb het zelf gezien in een ruit. Ik ben de allerlelijkste jongen. Er is geen jongen zo lelijk als ik. Niemand vindt mij mooi. Niemand.'

Door mijn tranen had ik mijn verdediging verwaarloosd. Bij mijn laatste uitroep had mijn moeder mijn handen gepakt, waarna ze de capuchon van mijn kop wist te trekken. Woest schudde ik mijn hoofd en ik probeerde mijn kapsel onder haar armen te verbergen.

'O, dat valt enorm mee!' zei mijn moeder machteloos. 'Je haar zit juist hartstikke goed!'

'Ik ben lelijk!' schreeuwde ik nog een keer, waarop mijn moeder zich met kracht tegen me aandrukte.

'Je bent het allermooiste jongetje dat ik ken,' zei ze, nu ook half in tranen.

'Dat zeg je alleen maar omdat ik je zoon ben,' zei ze later dat ik zou hebben gezegd.

D.H. Lawrence schreef: *I never saw a wild thing sorry for itself. A small bird will drop frozen dead from a bough without ever having felt sorry for itself.* Ik heb altijd goed kunnen zwelgen in zelfmedelijden. Mooi woord: zelfbeklag. Snap niet dat het altijd wordt gezien als een negatieve emotie. IK VERDIEN TOCH GODSAMME NIET BETER DAN MEZELF TE BEWEEKLAGEN?

Vroeger, als ik in bed lag, hoorde ik de reacties van mijn vrienden op het bericht dat ik die middag bij een auto-ongeluk om het leven was gekomen ('naar wie gaan zijn boeken?'). Ik kon fantaseren over de uitnodiging voor het spectaculaire feest, die iedereen in mijn omgeving had gekregen behalve ik.

Ook wiegde ik mezelf vaak in slaap bij de gedachte dat ik tegen mijn dertigste nog steeds geen vriendin zou hebben. Mijn moeder zou bij een van de goede doelen waarvoor ze werkte een leuk vluchtelingenmeisje voor me opduikelen. Voor haar verblijfsvergunning zou deze wanhopige jonge vrouw met me moeten trouwen. Omdat het een open, vriendelijk en positief christelijk meisje betrof, deed zij echt haar best om verliefd op mij te worden en onze omgang meer te laten zijn dan een ordinair verstandshuwelijk. Maar het lukte haar niet. O, ze moest heus erg om me lachen, ik was charmant, gevat en liefdevol, maar bij het idee de rest van haar leven de nachten met mij door te moeten brengen werd het haar droef te moede. Samen met mij slapen deed haar huiveren. Na weken werd haar huid flets, haar blik steeds somberder, en werden de wallen rond haar ogen grauw. Alles probeerde ik om haar gelukkig te maken, maar daarmee vergat ik mijn eigen gezondheid. Ik teerde weg, mijn energie raakte op, artsen constateerden dat ik niet lang meer had. Misschien was het een poging uit het leven te stappen, ik weet het niet meer. In het bijzijn van de echtgenote die mij niet kon aanzien lag ik te wachten op mijn laatste ademstoot.

Mijn daad van onbaatzuchtige liefde was dat ik uit haar leven zou verdwijnen. Toen zij dat inzag en begreep hoe groot mijn offer was, pakte ze deemoedig mijn gezicht. Ze zoende mijn afzichtelijke gelaat, maar het mocht niet meer baten. Ik stierf in haar armen, in het wurgende besef dat als ze me in haar hart had toegelaten mijn dood onnodig was geweest. Even mijn zakdoek pakken.

Café Paris
Het blonde IJslandse meisje spreekt me in het Engels aan. Ze wil buiten een sigaretje gaan roken, maar haar zoontje moet van haar in het café achterblijven. Ze is bang dat ze haar tafel kwijtraakt als hij haar volgt. Of ik het knulletje even in de gaten wil houden. Het is de last die ik mijn leven lang zal moeten dragen: ik zie er betrouwbaar, zorgzaam en ongevaarlijk uit. Vriendelijk knik ik ja, waarop de vrouw in het IJslands haar kind toespreekt. Ze verdwijnt naar het terras, nagestaard door haar zoon en een toerist uit Nederland. Ik kijk naar het jongetje en zeg het enige IJslandse woord dat ik ken.
'Hej.'
De jongen kijkt terug. Wil ondanks mijn betrouwbare inborst niets met me te maken hebben. Hij pakt het zoutvaatje en begint weer te bellen.

Na een paar seizoenen begon ik er last van te krijgen: hoe groter de spanning en druk, hoe groter de zelfhaat. Ik fantaseerde over het moment dat we zouden worden aangevallen. Dat iemand uit het publiek een steen zou gooien of dat we bij de artiesteningang zouden worden opgewacht door een man met een mes. Ik stelde me een man voor die net bij een Servische juwelier een cursus 'kogels graveren' had gevolgd. Hij had een paar exemplaren vervaardigd met mijn naam erop, en wachtte op een geschikte gelegenheid om die — met een snelheid van rond de achthonderd meter per seconde — in mijn richting te sturen. Misschien was het een fout gevallen grapje geweest, een ontwapenende blik in de ogen van zijn vrouw, een verkeerde quote in een interview. Misschien was het de lawine van grappen die wij en onze honderden collega's dagelijks uitstortten over Nederland.

De nacht na Bents geboorte kwam een zuster me om half vier melden dat Teaske op de recovery lag. De spoedoperatie was goed verlopen. Ik stond op, maar ze gebaarde dat ik in de kamer moest blijven wachten. Ze zei: 'De chirurg komt zo even naar je toe.'

Het woord 'chirurg' sprak ze uit alsof de man zojuist de Nobelprijs voor Geneeskunde had gewonnen. Uit haar woorden maakte ik op dat me een uitzonderlijke gunst werd verleend dat de chirurg zich verwaardigde mij nog even te woord te staan. Vijf minuten later kwam er een man naar me toe, die me zonder aan te kijken een hand gaf. De toestand met Teaske zag er als gezegd goed uit, ze was niet meer in levensgevaar, sterker nog, volgens de man was ze nooit in levensgevaar geweest. De artsen hielden haar de komende uren onder zeil, om haar bij te laten komen.

'Ik ga nu weer naar huis om nog wat te slapen,' zei hij bijna verwijtend, 'en ik stel voor dat u hetzelfde doet.'

Op de achtergrond knikte de zuster.

Wijs geworden door mijn ervaring eerder die avond besloot ik geen taxi te nemen, maar naar huis te lopen, een tocht van hooguit drie kwartier. Ik geloof niet dat ik ooit in nuchtere toestand op een nachtelijk tijdstip door de stad heb gewandeld. De verlatenheid van de lege straten en de donkere huizen. Iedereen sliep, ik leek de enige op aarde. In het oosten begon het langzaam te dagen. Ik zag een paar lichtere strepen aan de donkere hemel.

Zuchtend luisterde ik naar mijn voetstappen.

Er sloeg een kerkklok.

In de verte toeterden twee auto's.

Ik hoorde artsen zinnen zeggen die begonnen met 'tot onze grote spijt is er toch...' en 'we hebben helaas niet kunnen voorkomen dat...'.

Af en toe kwam er een brommer of een groepje fietsers voorbij. Op een stuk of wat straten van mijn huis reed een student met een meisje achterop me tegemoet. Ze had haar armen om de jongen heen geslagen. Bij het passeren herkende het meisje me. Met een dronken tongval zei ze: 'Hé, jij bent van Groep Smulders!'

Plichtmatig stak ik mijn duim op. Een paar meter verderop riep ze vriendelijk: 'Ik vond jullie laatste show heel goed.'

Ik knikte, glimlachend.

De jongen had inmiddels ook door wie ik was. Hij riep: 'Ik vind jullie kut!'

Even bleef het woord hangen tussen de huizen.

'Nee hoor, ik vind jullie goed!' riep het meisje.

'Jullie zijn kut!' riep de jongen nogmaals.

Weer een stilte.

'Heel erg goed!'

'Heel erg kut!'

'Goed!'

'Kut!'

Hun dialoogje klonk wel grappig en er zat geen agressiviteit bij, wat voor nachtelijk geschreeuw bijzonder is. Toen ze weer een hoek omsloegen bleef ik eenzaam achter in de verlaten straat. Een paar blokken verder trok een auto op, maar verder was het stil in mijn wijk.

Ik hoorde iemand zeggen: 'We probeerden u al eerder te bereiken, want helaas is zowel uw zoon als uw vriendin...'

Met een klamme rug liep ik verder. Stel dat ze het niet overleven, dacht ik, wandelend over met herfstbladeren bezaaide straattegels. Stel dat een van hen het niet overleeft. Ik wist niet wat ik me in dat geval verder voor moest stellen. Dan ga ik weg bij Groep Smulders, schoot er door me heen. Ik dacht: dan kan ik weg bij Groep Smulders.

Thuis ruimde ik eerst de troep van de bevalling op. Ik zag de kuil in mijn bed waar Teaske had gelegen. Bruin bloed op het laken. Zuchtend ging ik naast mijn bed staan, ik legde mijn hand in die kuil en streek het laken glad. Even dacht ik eraan om het beddengoed te verschonen, een gedachte die ik verwierp want het leek me een daad van liefde om op Teaskes bloederige plek te gaan liggen. Ik herinner me overigens dat ik zeker wist dat ik niet in slaap zou kunnen vallen, maar dat is zo'n beetje het laatste wat me van die nacht is bijgebleven.

Om half acht — ik was twaalf seconden wakker — belde ik het ziekenhuis, eerst met de afdeling van Teaske (ze sliep nog) en daarna met de afdeling van Bent (hij sliep nog). Een verpleegster gaf me het advies om rustig aan te doen, maar tweeëntwintig minuten later kwam ik gedoucht aan bij het ziekenhuis. Van die ochtend weet ik eigenlijk niet zoveel meer, behalve dat ik Junior een berichtje stuurde waarin ik vertelde wat er de afgelopen twaalf uur was gebeurd. Wat ik nooit eerder had gedaan: ik hield een boekje bij met wat iemand later een 'feiten-relaas' noemde. Normaal heb ik een boekje bij me voor invallen, grappen, regels voor liedjes, maar nooit voor droge medische notities.

'Kinderarts Winterling komt zich voorstellen. Hij zegt dat Bent nog tot vrijdag in het ziekenhuis ligt. Zeker.'

'Volgens dr. Eszterhas wordt een streptokokkenachtige infectie uitgesloten. Wat Bent wel heeft weet hij niet.'

'Er wordt een röntgenfoto gemaakt, omdat een lijn van Bent in zijn slagader zit (dat is het vermoeden)(???).'

Aantekeningen die mij krap een half jaar later weinig zeggen, maar die ik destijds bijhield alsof Bents leven ervan afhing.

Een scène die ik niet opnam in Bents feitenrelaas, maar die me wel goed is bijgebleven, in tegenstelling tot de honderden aantekeningen over antibiotica en bloedsuikers:

Ik nam de lift naar de begane grond waar ik op zoek ging naar het ziekenhuiswinkeltje. Ik wilde iets eten. In de hal kwam ik een verpleegkundige tegen die Bent de middag ervoor had geholpen. Ik gaf haar een medisch bulletin van de ontwikkelingen tot nu toe. Terwijl ik hiermee bezig was kwam er een man aanlopen met een zoon van een jaar of veertien.

'Kijk,' zei de man tegen zijn zoon, 'daar staat een heel erg flauwe cabaretier.'

Ik draaide me naar de man, terwijl ik ondertussen mijn innerlijke voice recorder afspeelde. U heeft één nieuw bericht. Eerste nieuwe bericht: *'Kijk, daar staat een heel erg flauwe cabaretier.'*

Wellicht dat de opmerking ontwapenend of vleiend was bedoeld, maar zo had het in mijn oren niet geklonken.

'Wat zei hij?' vroeg ik aan de verpleegkundige en zonder het antwoord af te wachten wendde ik me tot de man.

'Wat zei *jij*?'

Je weet dat ik in bijna alle omstandigheden u zeg tegen mensen die ik niet ken, maar bij deze man kon ik het niet opbrengen.

'Wat zei jij nou?'

Hij had gezegd 'kijk, daar staat een heel erg flauwe cabaretier', maar deze woorden herhaalde hij niet. Geschrokken keek hij mij aan. De situatie: we bevonden ons in een ziekenhuis, bedoeld voor zieke kindertjes en zieke moeders en bezorgde vaders en apparaten om mensen beter te maken en zusters en artsen en winkels om spulletjes te kopen om cadeau te geven aan zielige zieke mensen. De man had kunnen vermoeden dat ik mij daar niet bevond om mijn schaatsen te laten slijpen of omdat ik op zoek was naar bouwmateriaal voor een schuur in mijn tuin. Er

zijn momenten dat ik er door anderen niet aan hoef te worden herinnerd dat ik avond aan avond in het land mensen
aan het lachen probeer te maken. Besefte de man dan niet
dat de gesteldheid waarin ik mij bevond mij plotseling op
het gewelddadige af ontoerekeningsvatbaar kon maken?
Geef me een reden. Geef me in godsnaam een reden. In
normale omstandigheden zou ik de opmerking van de
man — die Groep Smulders in honderden varianten dagelijks naar het hoofd kreeg geslingerd — met een kwinkslag
of een ontwapenende jij-bak hebben beantwoord, maar ik
kon het niet opbrengen. Wijdbeens ging ik voor hem staan,
mijn vinger dreigend omhoog. Mijn zelfmedelijden moet
op dat moment voor seismologen meetbare trillingen hebben veroorzaakt.

'Zeg nog eens wat je net zei, en ik ros dat lelijke kunst-
gebit van je achter in je strot.'

Zei ik. Had ik gezegd.

De man verstijfde. Iedereen verstijfde. De zuster noemde mijn naam en pakte mij vanachter bij mijn schouders.
Ik had behoefte om de kaken van de man met twee handen uit elkaar te trekken. Mijn vingers in zijn oogballen te
steken. Mijn knie in zijn strottenhoofd. *Geweld wilde ik.*
Met een honkbalknuppel inslaan op een menigte. Bloed in
de voegen van de tegels. Een golf van terreur over het land.
Kapot, alles moest kapot.

'Kom,' zei de verpleegster. 'Kom.'

Met dwang trok ze me mee naar de lift, terwijl ik ondertussen naar de man keek zoals Al Pacino, Robert De Niro
of Mike Tyson dat zouden hebben gedaan.

'Hier help je niemand mee,' zei de vrouw.

Op dat moment zag ik de grote ogen van de zoon van
de man.

Café Paris

Ik heb eindelijk contact met het IJslandse jongetje van wie de moeder buiten een slof sigaretten staat weg te paffen. Een paar keer achter elkaar heb ik met mijn vinger op mijn borst getikt en mijn naam gezegd.

Giph. Ik. Tiktiktik. Giph. Ik. Daarna heb ik met mijn vinger vriendelijk in zijn richting gewezen. Na een keer of twintig begreep hij het.

'Magnús,' zei hij aarzelend.

Hèhè, hij heet Magnús. Meteen kwam hij bij me staan. Inmiddels is hij niet meer bij me weg te slaan. Samen hebben we de dingen gegroet. Ik wijs dingen aan, Magnús zegt er lachend de woorden bij. Dag ventje op straat, dag stoel naast de tafel, dag brood in de schaal, dag meisjes met het witte haar, dag meisjes met het zwarte haar, dag vaas met de bloem, ploem ploem, dag ochtendgerinkel, dag Café Paris, daa-ag hippe mensen, dag jazzzzmuziek, dag visserke-vis met de petterdepet, dag lieve serveerster met die lievige lach, dag koppie *kaffi*, dag *lúxus brunch*, dag *eggjakaka*, dag gebakken *beikon*, *ostasneiðar*, dag *brie ostur*, *spægipylsa*, *brauð*, dag gebakken *kartöflur*, *grænmeti*, dag *smjör*, dag *ávextir* en dág *pönnukökur*, dag ventje.

De zuster die me wegtrok uit de hal heette Miriam. Ze werkte op de NICU, maar toevallig draaide ze op de dag dat Bent werd opgenomen een invaldienst op de spoedeisende hulp. Ze was de eerste die hem zag en is hem tien weken lang blijven verzorgen, als een eendenmoeder die haar kuiken achternaloopt in plaats van andersom. Bent kreeg tijdens zijn verblijf vele tientallen verpleegsters aan zijn bed, steeds nieuwe gezichten en onbekenden, maar er waren ook enkele vaste zusters die hem onder hun hoede namen. Wat ik heb geleerd: patiënten — hoe klein ook — hebben in het ziekenhuis vrienden nodig, beschermvrouwen, patronessen. Bent had het geluk dat hij de eerste dagen van zijn verblijf door Zuster Miriam werd geadopteerd, de leeuwin van de afdeling. Misschien (heb ik later bedacht) was het een act en kreeg ieder kindje een zogenaamde suikertante die zijn of haar welzijn extra in de gaten hield, maar die vraag hield me in het begin niet bezig.

'Sorry hoor,' stamelde ik in de gang, op weg naar het bedje van Bent. 'Ik weet niet wat me bezielde.'

Miriam haalde haar schouders op en legde een arm om me heen. Ik was de vader van Bent, de baby voor wie zij streed, een bondgenoot.

Dingen waar ik me pas later over ben gaan verbazen: hoe snel een vijandige wereld vertrouwd kan raken. Miriam en ik kwamen aangelopen bij de gesloten afdeling. Ik trok aan het blauwe koord om de klapdeuren te openen, met een gebaar dat voor anderen geroutineerd over moet zijn gekomen. Bij de ingang van Bents zaal stroopte ik mijn mouwen op om mijn handen en armen te desinfecteren, maar Miriam gebaarde me hiermee te wachten. Ze verdween in een personeelskamer en kwam terug met een grote bos rozen. Die mocht niet op de afdeling, maar ze wilde me de bloemen toch even laten zien.

'De debuutshow van Bent hebben we alvast aangeboden voor het theaterseizoen 2031-2032. Alle medewerkers van Plankenkoorts Producties wensen jullie heel veel sterkte,' las ik op een kaartje. Iemand had erbij gekrabbeld: 'Zit er een goede voorstelling in?' Ik herkende het handschrift van Egon.

Miriam zette de bloemen in een emmer op de grond. Ik las het kaartje en de krabbel nogmaals.

Details die me een half jaar later zijn bijgebleven. Bent lag bijna agressief diep te slapen in zijn couveuse, de spieren in zijn gezicht samengetrokken, zijn ademhaling snel en ferm. In een hoek van het bedje Wally, Bents knuffel, die ik weken daarvoor had gekocht in een speelgoedwinkel vlak bij een theater. Bent lag onder een lakentje dat versierd was met gekleurde dansende sportschoentjes. Ergens in een ontwerpstudio heeft iemand op een morgen bedacht om dansende sportschoenen op een lakentje te zetten, in plaats van stuiterende aubergines, draaiende basketballen of kotsende vlinders. Bents linkerhand was verdwenen in een robuust verband. Miriam pakte zijn status en zei dat hij met spoed een nieuwe levenslijn had gekregen.

'Wil je in het vervolg dat we dat soort ingrepen eerst met jou bespreken?' vroeg ze.

'Ik wil dat jullie hem in leven houden,' zei ik.

Ze knikte en zei dat ze zijn couveuse later die dag ging omruilen voor een verwarmd bedje. Dat lag lekkerder en dan konden we ook makkelijker bij hem.

Miriam bracht me een kop koffie en liet me alleen met Bent. In mijn feitenboekje noteerde ik zijn waterstanden, saturatie, bloedsuiker, hartslag. Volstrekt overbodig, maar om het idee te hebben greep op de gebeurtenissen te houden. Ook nam ik met mijn telefoon een paar foto's.

Mijn lichaam trilde na van de woede-uitbarsting in de hal. Ik dacht aan de opmerking van Egon en vroeg me af hoe hij en Ludo zich in deze omstandigheden zouden hebben gedragen. Egon had er direct op los getimmerd, Ludo zou de man verbaal van repliek hebben gediend en hem dan in elkaar hebben getimmerd — en vervolgens zouden ze er beiden hartelijk om hebben kunnen lachen. Veel later drong tot me door dat ook de man en zijn jongen natuurlijk niet voor niets in het ziekenhuis waren.

Zittend bij Bent dacht ik aan een regel die al een jaar of twintig op het prikbord boven mijn werktafel hangt (naast diepzinnigheden als 'Samarindes theepot terugbrengen' en 'afspraak tandarts verzetten'): 'Kunst zonder verbeelding is als leven zonder hoop.' Een zin die ik in een zwartserieuze periode van mijn leven erg mooi heb gevonden, maar later grinnikend herlas. Potsierlijke gedachte, wat is dat, leven zonder hoop? Een wezenloze ervaring: bij de slapende Bent was het alsof de betekenis van de woorden nu pas tot me doordrong. Ik zat daar volledig zonder verbeelding, zonder invallen, zonder het wapen van de fantasie, zonder stijl en typetjes, zonder andere gedachten dan zijn gezondheid en die van Teaske.

De bos bloemen nam ik die middag mee naar de kamer van Teaske. Tot mijn verbazing was Teaske wakker, gesteund door kussens zat ze rechtop in bed. Ze droeg een mij onbekend shirt, ze was witjes, maar verder was haar niet aan te zien dat haar iets ernstigs was gebeurd.

'Héj,' zei ik zacht.

'Héj,' zei ze.

Letterlijk: een ogenblik. We keken elkaar aan, niet langer dan een paar seconden, waarin onze gezichten elkaar vertelden over de twee enige vragen die ertoe deden: Hoe gaat het met hem? Hoe gaat het met jou?

Ik liep op haar af en ze omhelsde me. Er zat kracht in haar armen, dat was een goed teken. Zwijgend en zuchtend hielden we elkaar beet, voor mijn gevoel minutenlang. Toen hoorde ik iemand huilen in de kamer. In het bed naast dat van Teaske lag een eenzame vrouw zachtjes te snotteren. Ik liet Teaske los en even keken we samen naar het buurbed.

'Ze heeft net haar kind verloren,' fluisterde Teaske vrijwel geluidloos.

Het heeft geen zin om gradaties in leed aan te brengen, maar zonder dat we dit tegen elkaar zeiden relativeerden de tranen van Teaskes buurvrouw de omstandigheden van Bent.

Ik knikte. We keken elkaar lang aan. De blik in Teaskes ogen: ze voelde zich goed en sterk, maar ze was op het wanhopige af bezorgd om haar kind. Mijn blik: alles is onder controle, hij is buiten levensgevaar.

Zwijgend liet ik Teaske de foto's op mijn mobieltje zien, onscherpe afbeeldingen van een slapend ventje met een slangetje in zijn neus, onder een lakentje van dansende sportschoenen.

'Klein huftertje,' zei ze, met zilveromrande ogen.

Café Paris
Op een schaal van oerknal tot eeuwigheid kan alles worden gerelativeerd. We leven op een magmadruppeltje van duizenden kilometers in omtrek, op een flinterdun geronnen korstje. Onze druppel verwaait in het immense heelal. Er zijn vijftien triljard sterren, dat is een één met eenentwintig nullen. Wij hebben slechts één ongeluk: geboren te zijn met het besef hoe nietig ons leven is. De onbedui

axdzxczxcxcm

Ho, stop.

We onderbreken deze brief voor een plotselinge interventie van een jeugdige IJslandse afgevaardigde. We lezen:

Aaa Bbb CD EF. Oijfopi . JJ-==jjlkk. BBBJjoko.

Zo, dit was *live* de bijdrage van een jongen genaamd Magnús. Hij ziet mij al de hele ochtend onverstoorbaar ratelen achter mijn laptop en kwam net plotseling overdreven geïnteresseerd aan mijn tafeltje staan, geobsedeerd door mijn beeldscherm. Ik zette mijn ingebouwde webcam aan, waarna we een spelletje kiekeboe met onszelf speelden. Het joch gilde het uit. En had er weer even plotseling genoeg van.

En nu typen we samen letters en cijfers (krijgt hij later een Nobelprijs voor Literatuur dan kan hij zeggen dat hij heeft leren schrijven van die meneer uit Nederland):

ABCDEFGHIJKLMNOPQRSTUVWXYZ
12345678910
M a g n ú s. Magnús.

Magnús
Island

En daar verdwijnt hij weer. Hij heeft ontdekt hoe leuk het is om door het restaurant te rennen. Zijn moeder staat langdurig buiten te roken, maar nu is ze toch aan mijn zicht onttrokken. Ze zou me toch niet met hem laten zitten? Grappig dat sommige bezoekers geïrriteerd in mijn richting kijken vanwege Magnús' vrolijke geravot. Of ik hem wat beter in de gaten wil houden.

Hupla, daar is-ie opnieuw, met wederom een experimentele bijdrage aan deze brief...

J3woi[o oioiuuuggggei- 09 9u
[--9u39hhg2q8ga8tyuiop

Terug naar Teaskes kamer
Zonder veel woorden vertelde ik Teaske van de nacht, van Bent, de couveuse, van wat de doktoren hadden gezegd, van hoe ik haar had gevonden, van wat de doktoren over haar hadden verteld. Ze kon zich van haar bloedverlies, noch van haar autorit naar het ziekenhuis iets herinneren. Ik denk dat we zeker een kwartier zwijgend naar elkaar keken, luisterend naar het verdriet van de vrouw naast ons.

Er kwam een man binnen die we later de Zuster Miriam van Teaske zouden noemen: Broeder Mario. Ik had hem 's ochtends al gezien: grote vent, goed hart en dusdanig homo dat de witte ziekenhuismuren spontaan roze kleurden als hij langsliep. Hij vertelde wat we al wisten: dat Teaske het goed maakte en dat haar situatie er beter uitzag dan het zich aanvankelijk liet aanzien.

'Het is een sterk grietje,' zei hij. Het liefdevolle woord grietje nam me meteen voor hem in.

Broeder Mario was blij dat ik er was. Hij had goed nieuws voor Teaske: na de maaltijd mocht ze naar de andere kant van het gebouw om Bent eindelijk te zien. Teaske was hier verguld mee.

'Nou, dat zou ik nog even niet zijn,' zei Mario. 'Wacht maar tot je die maaltijd hebt geproefd.'

Mario nam Teaskes kamergenote mee voor een onderzoek. Moeizaam stapte de vrouw van haar bed in een rolstoel. Ze probeerde niet te huilen, maar dit lukte haar niet. Mario troostte zonder opzichtig te troosten. Detail dat me al die maanden is bijgebleven: in de hoek bij haar bed stond een nieuwe maxicosi.

Vijf minuten later kwam Mario opgewekt terug in onze kamer. Voor Teaske mocht eten was er eerst nog 'arbeid voor de tiet', zoals hij het blijmoedig noemde. Mario had een verrijdbaar pistachegroen kolfapparaat bij zich en een paar lege plastic flesjes.

'Kijken of we de melkproductie op gang kunnen brengen,' zei hij. Als een stewardess deed hij voor hoe de machine werkte. Ik had van kolven gehoord, maar me niet gerealiseerd dat Teaske het ook zou moeten doen. Zij ook niet, trouwens. Afkeurend keek ze naar een trechter met een slangetje en een opvangzak. Ze zei: 'Jezus, ik ben toch geen koe?'

'Die zuigmond moet dus op een van je uiers,' zei Mario, die met een klein gillachje de kamer weer verliet.

Een half uur later kwam de dieetzuster met een maaltijd: varkenslap, bleke aardappelen, boontjes en bananen-vla. Zuchtend bekeek Teaske haar vaalbruine kunststof voederbak.

'Als ik dit had geweten was ik nooit aan een kind begonnen,' zei ze. Ik maakte een geluid dat op een grinnik leek.

Café Paris

De moeder van mijn co-auteur Magnús is eindelijk terug. Aan haar plastic tassen te zien heeft ze ook even boodschappen gedaan. In haar kielzog arriveert een alternatief opneukertje van een jaar of twintig, met zwartgeverfde haren en een piercing door zijn neus. Misschien de vader van mijn vriend? Hij maakt een behoorlijk onbetrouwbare indruk.

Sinds Bent denk ik bij andere ouders: hoe zouden zij ermee zijn omgegaan? Wat me van onze weken op de intensive care is bijgebleven: de veerkracht en vechtlust van ouders. Sommige ouders waren volwassen en evenwichtig, sommige bedroefd en kalm, sommige zelf nog kinderen. De eerste dagen lag Bent tussen lotgenootjes die te vroeg of te laat waren geboren, die bulten hadden, die onvolmaakt waren, die zeldzame syndromen hadden, die vochten met het leven. Er lag een jongetje naast Bent, Waltertje, die zwaar in de verdrukking had gezeten. In naam waren de twee pubers die bij Walters bed zaten zijn ouders, maar ze oogden als zijn broer en zus. Kun je omgaan met de ziekte van je kind als je zelf nog een kind bent?

Zonder verbeelding, zonder invallen, zonder het wapen van de fantasie, zonder overdrijvingen, humor of ironie. Het lukt me niet om je anders over deze scène uit ons leven te vertellen dan met een opsomming van handelingen.
Ik duw Teaske naar de afdeling van Bent.

Zuster Miriam ontvangt ons.

Teaske, zelf ook een patiënt, moet een plastic schort voor, daar valt niet aan te ontkomen.

Ik duw Teaske de zaal op.

Teaske staat bij het bed van Bent.

Teaske kan nog niet zo lang staan, maar als ze gaat zitten in de rolstoel kan ze Bent niet zien.

Miriam vraagt of Teaske Bent op schoot wil.

Teaske kijkt verheugd naar Miriam op.

'Kan dat?' zegt ze.

Teaske wordt door Miriam in een gemakkelijke leunstoel gezet, naast het bed van Bent.

Miriam schikt de vele draden en slangen waarmee Bent is verbonden aan medische apparaten.

Voorzichtig tilt Miriam Bent uit het bed. Met een halve draai legt ze de jongen in de armen van zijn moeder.

Teaske richt zich op uit haar rolstoel, streelt het blakende wangetje van Bent en fluistert: 'Je bent het allermooiste jongetje dat ik ken.'

Bent rekt zich uit.

Hij wordt wakker op Teaskes schoot.

Onaangedaan kijkt hij op naar zijn moeder.

Bent gaapt.

De tranen van Teaske.

Miriam vraagt of Teaske al melk heeft.

Ik vertel van het halve flesje.

Teaske krijgt de opdracht Bent weer aan Miriam te geven en haar borst te ontbloten.

'Bent moet aan de borst,' zegt Miriam.

Ik schuif de gordijnen om de plek van Bent.

Miriam legt Bent aan Teaskes borst.

Hij hapt niet echt, Bent.

Miriam zegt tegen Teaske dat ze de tepel tegen zijn lipjes mag drukken.

Dan begrijpt Bent hoe het werkt.

We luisteren naar zijn zachte zuiggeluidjes.

Later die avond rij ik Teaske door de gangen van het ziekenhuis terug naar haar kamer. Het bed naast haar is leeg. De maxicosi is weg.

Teaske en ik omhelzen elkaar.

Café Paris
Sinds Bent is er weinig waarover ik me nog opwind. Junior belde zojuist met de vraag of ik gemerkt had dat de afspraak van half elf wat is uitgelopen. Het is kwart voor twaalf. Hij heeft de tocht met Ragnheidur Fjalardóttir verzet naar half twee, zodat er nog tijd is om de katers weg te lunchen. En omdat Egon en Ludo pas net wakker zijn. Zwitserse Frank en Govert zijn daarentegen wel vroeg opgestaan en ze hebben met z'n tweeën vanmorgen al een verkenningstocht over IJsland gemaakt.

'Hebben ze jou niet meegevraagd?' vroeg Junior.

Er viel een stilte.

'Zien we jou zo in het restaurant naast het hotel?' vroeg Junior.

'Ja hoor,' zei ik.

Reizen in een groep is een experiment in zelfontmanteling. In voorbentse jaren zou ik me op het kinderachtige af hebben geërgerd aan de dingen die horen bij het reizen met een groep, maar tegenwoordig glijden wreveligheden van me af als water. Een slechter bericht is dat mijn vriend Magnús en zijn moeder inmiddels zijn vertrokken. Jammer, want het was aangenaam het jonge gezin vanaf mijn ontbijttafel te bespieden. Ik spreek geen IJslands, wat geen belemmering was om te volgen wat er speelde. Wanneer je in een buitenland bent waar je de taal niet spreekt en je kijkt op je hotelkamer naar een niet ondertitelde lokale film, is het verbazingwekkend hoe makkelijk grote delen van het verhaal zijn te snappen. Dat is omdat film het leven vangt in 'universele scènes'. Je hoeft de taal niet te spreken om te begrijpen wat er gebeurt als een schuchtere vrouw bij een bushok wordt aangesproken door een glad-jakker met een aktetas, of als een aanstaand paar voor het altaar wacht op de priester, terwijl de man een paar keer zenuwachtig omkijkt naar de vierde rij, waar een zwanger meisje zit met een pruik en een zonnebril op.

Ook de universele scènes van Magnús en zijn ouders kon ik moeiteloos volgen. Het deed me aan mijn ouders denken. Mijn moeder zei vroeger eens (ik kwam thuis van school, ze zat rokend aan de keukentafel) dat het in de lief-de nooit van twee kanten tegelijk komt. 'Altijd houdt de een meer van de ander dan de ander van de een,' zei mijn moeder. Dit kan wisselen, legde ze uit, liefde kan opbloei-en en uitdoven, maar het moment dat liefde in evenwicht is en dat geliefden evenveel van elkaar houden, duurt te kort om het serieus te nemen.

'Hou jij meer van pappa, dan pappa van jou?' vroeg ik.

Mijn moeder nam een trek van haar sigaret.

'Ik denk dat pappa meer van mij houdt,' zei ze, waarna ze haar peuk uitdrukte.

De uitspraak van mijn moeder nestelde zich in mijn gedachten, en vaak als ik echtparen of geliefden zie hoor ik als voice-over: de een houdt meer van de ander dan de ander van de een. En het is nooit moeilijk te raden wie die een is. Er is ook een uitspraak van mijn vader die me vaak te binnen schiet: 'Wat mensen elkaar aandoen.' Mijn vader zei dit regelmatig, meestal bij het kijken naar het Journaal of het lezen van de krant. In zijn geval ging het vaak om het Grote Aandoen: giflozingen, deportaties, slachtingen. Ik merk aan mezelf dat ik mijn vaders zinnetje vaker hoor mompelen bij het Kleine Aandoen: hoe mensen elkaar behandelen in liefde, werk en vriendschap.

De jonge moeder van Magnús, zelf nog een kind, oogde als een teleurgestelde vrouw. Haar mond was de fluitketel van haar gekwelde emoties. Haar vriend luisterde beledi-gend ongeïnteresseerd naar haar verwijten, en hoewel ik niets verstond van haar verhaal, was de boodschap duidelijk: de jongen had in hun relatie en de opvoeding van Magnús alles verkeerd gedaan. Na een kwartier verbale messteken stond de jongen op. Hij bukte zich om Magnús te kussen en verliet zwijgend de konditorei, nageblaft door Magnús' moeder. Sommige gasten keken op, maar de meeste IJslanders spraken onverstoorbaar verder. Na een kort telefoongesprek pakte de moeder van Magnús plotseling haar jas en gebaarde Magnús hetzelfde te doen. Ze wierp geld op tafel, hielp geïrriteerd met Magnús' shawl en trok Magnús hierna resoluut mee naar de uitgang.

Ik volgde hem met mijn blik, in de hoop dat hij zich nog één keer naar me om zou draaien, want zo gaat het in films. Magnús had geen tijd meer om aan me te denken. In mijn hoofd hoorde ik het zinnetje van mijn vader.

Een dag nadat Teaske Bent voor het eerst in haar armen had gehouden, hadden we een gesprek met de jonge dokter Winterling en zijn oudere collega dr. Eszterhas. De laatste zei: 'Er is absoluut geen enkel levensgevaar, wat dat betreft hebben we alles onder controle. We weten nog niet wat er precies aan de hand is, maar daar komen we wel achter. Probeer te kijken naar de lange termijn. Wees niet te blij met goede uitslagen van onderzoeken, en word niet te depressief van slechte. Bent zal nog wel een tijdje bij ons blijven.'

Ik maakte aantekeningen in mijn boekje.

Dr. Winterling sprak voorzichtig van de eventueel mogelijk potentieel denkbare aanwezigheid van 'een puntje' in een van Bents klieren. Raar woord. Ik schreef het op. Puntje.

'Puntje?' vroeg Teaske.

Een zacht broodje? dacht ik, maar zei ik niet.

Een of ander huppeldepupponoom, dat Eszterhas voor me moest spellen.

'Een tumortje,' verduidelijkte hij.

Waarna wij beiden zwegen.

Tumortje. Geen prettig woord, zelfs niet in de verklein-vorm. Geen woord dat veel sympathie oproept in onze kennissenkring. Zal niet snel worden gekozen in de lijst Mooiste Woorden Van De Nederlandse Taal. Een woord met dezelfde gevoelstemperatuur als 'naziverleden', 'doodseskader' of 'necrofilie'. De marketingmanager van een uitgeverij zal vertellen dat het geen woord is voor in de titel van een poëziebundel.

'Tje...' herhaalde ik.

'Klein lichaampje, dus een klein puntje,' zei Winterling.

'Tumortje,' zei ik. Ik ben geen oncoloog, maar is niet iedere grote tumor ooit klein begonnen?

Meteen na dit gesprek kreeg ik een sms van Egon, van wie ik al een tijdje niets had gehoord: *Lilianne en ik zijn benieuwd hoe het gaat. Kunnen we iets doen? Just say the word.* Ik stuurde terug: *Wist jij dat er zich in de alvlees-klier clusters van eilanden van cellen bevinden? Waarom maken we dáár niet eens een voorstelling over?*

Die avond bestond Teaskes maaltijd uit een blinde vink, een mengsel van boontjes, peultjes en andere vaalgroene dingen, aardappelpuree en karamelpudding (uit mijn fei-tenrelaas). Teaske slaakte een zucht, maar toen ik voor-stelde om een pizza te laten bezorgen gloeiden haar ogen ondanks haar zorgen over 'het puntje' toch op. Een kwartier later wachtte ik in de hal van het ziekenhuis op een pizza-koerier. Het was de wisseling van de wacht en bezoekuur tegelijk: personeel kwam en vertrok, familieleden liepen in en uit. Even dacht ik de door mij uitgescholden vader te zien, maar hij was het niet. Wel kwam er een mevrouw met haar mobiele telefoon een foto van me maken, terwijl ik me voor de roldeur had opgesteld. Ze benaderde me met een bochtje en deed net alsof ze naar iemand anders keek.

Toen ze vlak bij me stond drukte ze af en snelwandelde ze er weer vandoor, glimlachend naar een familielid verderop. Ik liet het zuchtend van me afglijden, en onlangs zag ik mezelf terug op een weblog.

Twintig minuten later legde ik twee pizzadozen op Teaskes bed. Teaske zat tegen wat kussens, ik nam plaats op een stoel. Voor mij was het mijn eerste maaltijd in drie dagen, afgezien van een paar repen. We vielen beiden aan, een uitgehongerde Hans en Grietje. Een sterk Grietje, dat wel. Een buitenlandse hotelgast die per ongeluk naar een webcam van ons leven keek zal gedacht hebben dat het om een universele scène ging: twee geliefden in een ziekenhuiskamer, die zwijgend, bijna stoïcijns hapten van twee veel te grote pizza's, zonder zich voor de wereld te schamen voor hun gulzigheid. Maar wat de hotelgast er zelf bij had moeten denken waren onze gedachten. Over onszelf en onze omstandigheden, over de dingen die ons overkomen versus de dingen die we elkaar aandoen. Over het lot en onze eigen handen, de liefde van de een en van de ander. Natuurlijk was het de bezorgdheid om de gezondheid van Bent die we daar zaten weg te schransen, maar het was vooral ook verdriet over de dingen die niet blijven wat ze nooit zijn geweest.

SCHAAMSCHURFT DOET IJSLAND

Meryl Streep vertelt in *The Hours* haar dochter over een bepaald gevoel: '*There was such a sense of possibility. You know that feeling? And I remember thinking to myself: so, this is the beginning of happiness. This is where it starts. And of course there will always be more. It never occurred to me it wasn't the beginning. It wás happiness. It was the moment. Right then.*'

Bij dit citaat denk ik aan onze eerste theaterseizoenen. Het zingen bij het soundchecken, het eten in de artiesten-foyer, de vrijkaartjes voor de meisjes die we ontmoeten in de stad waar we die avond optreden, de vijf minuten voor aanvang, het wachten in de coulissen — voor buitenstaan-ders zal het walmend weemoedig klinken, maar voor ons was het niet het begin van geluk: het was geluk.

Bij ons eerste of tweede theaterseizoen waren we één avond geboekt voor een net niet uitverkochte middenzaal van het theater in Amersfoort. In de grote zaal stond een legendarisch cabaretduo. Een jaar of tien geleden, ver voor we zelf gingen toeren, ben ik gestopt met hen te volgen — en solipsist die ik ben dacht ik dat met mij niemand in Nederland nog om hen kon lachen. Erger kon ik mij niet vergissen: twee aaneengesloten weken was het duo uit-verkocht, met een show waarvan ik me de titel niet meer kan herinneren, maar die in drie jaar door bijna een half miljoen mensen werd gezien.

Aan het eind van de middag kwamen we de twee oude helden tegen in de artiestenfoyer. Hun kok was bezig met het klaarzetten van een Indische rijsttafel die door de hele schouwburg geurde. Hun kleedster kwam met rekken gestoomde theaterpakken. Hun vier technici zaten aan een tafel te kaarten. Hun gigantische vrachtwagens stonden geparkeerd bij de sluis. Wij waren onder de indruk van de enorme productie, maar veel meer nog van de twee mannen zelf.

Beiden zaten in een hoek van de foyer, zo ver mogelijk van elkaar vandaan. De ene vakmeester begroette Ludo met de ontwapenende jovialiteit van een maffiabaas die een potentiële uitdager verwelkomt. Het was de eerste keer dat ze elkaar zagen. De andere stond in gesprek met Egon en mij erg zijn best te doen te laten zien dat hij nog steeds de toffe hemelbestormer was die hij ooit moest zijn geweest. Hij was geïnteresseerd in onze voorstelling en matigde zich zelfs enkele 'wenken van een oude broeder' aan.

Dit was het beeld. Wij trokken naar het midden van de foyer, Ludo riep dingen naar ons en andersom. Misschien was het ons jeugdige gebrek aan mensenkennis, maar ik denk dat we dachten dat we in een groepsgesprek stonden. Na een tijdje begon het op te vallen dat onze oudere collega's onderling helemaal geen contact hadden. Ze reageerden niet op elkaars grappen, ze keken weg als de ander wat zei, ze gingen niet door op onderwerpen die waren aangesneden door de ander. Het ergste was: er was geen enkele humor meer tussen hen, geen kameraadschap, zelfs geen strijdlust.

In de gang naar onze kleedkamers — nog binnen gehoorafstand van onze collega's — maakte Egon van zijn mond geluidloos en samenzweerderig een grote o.

'Ohoh,' zei hij, toen we eenmaal in onze hoek van het theater waren. 'Die houden echt niet meer van elkaar. Dit is niet een ergernis over gemorste koffie op een net gestreken overhemd, dit is een ijskoude toendra. Dit is de Koude Oorlog.'

'Dit is haat in praktijk,' zei Ludo. 'Ze zijn volledig op elkaar uitgekeken. En vanavond moeten ze duizend man aan het lachen maken.'

Egon zei: 'En dat zal ze nog lukken ook. Het publiek denkt dat het gezworen vrienden zijn.'

Gedrieën keken we elkaar aan. Wat een vak: gebroederlijk mensen aan het lachen maken, terwijl je elkaars grootste tegenstander bent.

Terzijde...

Er gaat een anekdote over de Amerikaanse president Lyndon Johnson, die door een paar journalisten off the record werd gevraagd waarom het Amerikaanse leger zich maar niet terugtrok uit Vietnam. Johnson knoopte zijn gulp open en riep: *'You wanna know why? This is why!'* Hij liet de mannen zijn penis zien en maakte duidelijk: ik heb hem nog, we zijn nog niet verslagen.

Dertig jaar later werd deze zin de strijdkreet van drie Nederlandse cabaretiers, voordat zij na een optreden ergens een café binnenstappen. We hebben hem nog! We hebben hem nog! We zijn niet verslagen! We staan nog fier overeind!

IJsland, middernacht

Na afloop van onze optredens kunnen we eigenlijk alleen naar cafés die we al jarenlang bezoeken. Bijna altijd doen we dit onder begeleiding van Ordy, de chauffeur van onze toerbus, die ons na het bezoek aan de kroeg weer naar huis brengt. Voor hij ons begon rond te rijden was Ordy — al jaren keurig getrouwd met onze kleedster Terese — uitsmijter in een Amsterdamse nichtentent. Ordy is klein, gedrongen en onverzettelijk als de laatste Mohikaan.

We worden 's avonds in het café nogal eens lastiggevallen door beschonken types, wat in ons vak een beroepsrisico is, iets dat er nu eenmaal bij hoort. Meestal blaffen we dronkenlappen zelf weg, maar soms zijn de emoties die we oproepen zo heftig en vermoeiend dat het handiger is om even Ordy te wenken, die altijd op drie meter van ons vandaan staat met een glas gin-tonic in zijn hand en een ploertendoder in de zijzak van zijn broek.

Ordy. Het is niet zo dat hij erop zit te wachten, maar hij gaat een fysiek conflict nooit uit de weg. Ordy's ogen stralen één duidelijke boodschap uit: zijn bereidheid om zonder aarzeling maximaal geweld te gebruiken, tegen wie dan ook, wanneer dan ook, waar dan ook. *Don't be a crook if you can't handle the snook.*

'Je moet het niet alleen uitstralen, je moet het ook echt doen,' zei hij ooit, toen hij 's nachts bij een benzinestation de tank van de toerbus stond te vullen en zeer agressief werd aangesproken door een Poolse vrachtwagenchauffeur die meende door Ordy te zijn gesneden op de snelweg. Vanuit de bus keken wij toe hoe Ordy rustig de benzineslang uit de tankopening van de bus haalde, een paar liter benzine over de verbouwereerde Pool spoot, zijn Zippo pakte, deze openklapte en vragend knikte of de man een probleem had. De rest van de terugreis lagen wij met nabibberende sluitspieren onder onze stoelen, terwijl Ordy vrolijk neuriënd achter het stuur zat.

In het café verjaagt zijn blik onze lastigvallers en uitschelders meestal direct, maar soms zijn mensen te dronken of opgefokt om in te zien dat Ordy geen middel zal schuwen om ons te verdedigen. Hij heeft ons tijdens onze maaltijden in schouwburgen trucjes geleerd hoe we belagers van ons af kunnen slaan, zwaar letsel kunnen toedienen of zelfs kunnen doden als we dat zouden willen (wat altijd handig is om paraat te hebben). Zijn meest efficiënte methode is 'de oogprik', door met zijn ene hand de aandacht af te leiden en met twee gestrekte vingers van zijn andere hand een tegenstander in een oog te priemen. Dit heb ik hem een keer zien doen bij een Enschedese aardappelboer, die woedend was op Egon omdat deze een onschuldig grapje had gemaakt over zijn aardappelneus. 'Ik ben blind! Ik ben blind!' riep de boer almaar, toen hij kermend op de grond lag omdat zijn hoornvlies was geraakt door een van Ordy's vingertoppen. Ordy zelf stond er rustig bij, nippend van zijn gin-tonic. Wat ik wil zeggen: het is heel aangenaam om in het buitenland anoniem op kroegentocht te gaan.

Alles wat je ooit gehoord hebt over het nachtleven in IJsland is waar. Ik weet niet wat je hebt gehoord, maar het klopt op voorhand. Aldus Zwitserse Frank, die in het vliegtuig hiernaartoe vanaf zijn laptop voorlas dat het in Reykjavik uitzonderlijk goed stappen is. Hij verhaalde over bruisende clubs, drank, vrijpostigheid, vrije moraal, creativiteit en buitenlandse filmsterren die IJsland roemden om de spetterende uitgaansscene.

'Vrije moraal?' had Egon gevraagd.

Er zijn in het centrum van het hoofdstadje ik weet niet hoeveel kroegen en clubs. *Yesterday we took Thorvaldsen, today we'll take the town.* We beginnen bij een tent genaamd Sódóma, direct achter ons hotel, in de straat Tryggvagata, voor het geval je ooit op pelgrimage zou willen naar de hotspots uit deze brief. Sódóma... dat klinkt veelbelovend. We staan voor de ingang en horen een gesmoorde beat uit de club dreunen. Junior betaalt zes toegangskaarten, waarna we verwachtingsvol een trap naar de eerste verdieping nemen. Sódóma... opmerkelijke naam voor een veredeld jeugdhonk met een podiumpje, een houten bar en een toiletruimte met in de metalen pispotten geplastificeerde foto's van lokale politici. Bij Sódóma denk ik aan gemaskerde vrouwenlichamen, die aan tuigjes worden voortgetrokken door gedistingeerde maar wellustige mannen met zwarte capes om. Niet aan vijf bebaarde alcoholisten en een vrouw die probeert over een barkruk te zakken. Blijkbaar zijn we te vroeg voor deze hoek van het bruisende IJslandse nachtleven.

Mijn vader zei ooit dat hij overspoeld werd door een gevoel van rijkdom wanneer alle drie de toiletten in ons huis waren voorzien van wc-rollen. Bij de vijf potten van de Sódóma hangt niet één reepje pleepapier. Zo'n tent. Op het podiumpje staat een setje instrumenten opgesteld (drums, gitaren, elektrische piano), maar de bandleden zijn nergens te bekennen. Bij een tweede blik blijken de bebaarde alcoholisten de bandleden te zijn. Junior bestelt met een groots gebaar een fles Chassagne-Montrachet, maar die hebben ze hier blijkbaar niet. Dan maar een rondje bier voor de hele zaak, inclusief de muzikanten, de vrouw en drie andere bezoekers. De barman, een zwijgende veertiger met een tatoeage van een roodborstje op zijn arm, schenkt halve liters bier. Junior wil betalen, maar de man zegt afgemeten dat het een rondje van de zaak is.

'Ik voel me bijna schuldig dat we hier zijn,' zegt Junior, en als hij onze glazen heeft verdeeld, proost hij: 'Op de krochten van IJsland.'

We houden alle zes onze glazen in de lucht, naar elkaar, naar de muzikanten, de barman en de verder verlaten popzaal. Egon zegt: 'Een mooie ervaring.' Ludo: 'Dit nemen ze ons niet meer af.'

In een krant noemde een psycholoog de mens (zet je even schrap) 'een belevingsbron'. Een woord dat ik gretig overschreef. Een belevingsbron, zo voel ik me ook. Onze werkelijkheid, las ik, bestaat uit 'momentsituaties' en 'actiegebeurtenissen'. Nog meer psychopoëzie: wij hebben een 'episodische beleving' van de wereld om ons heen. Dat is belangrijk, want zonder 'ervaringsordening' komen we niet tot een al dan niet moreel oordeel over de dingen die we hebben gedaan en de dingen die ons zijn overkomen.

Ervaringsordening: het woord van deze reis. Ik heb maanden moeten wachten om uitgerekend tijdens dit bezoek aan IJsland de momentsituaties van mijn belevingsbron voor je te ordenen. De scène met Teaske op de dag dat ze werd ontslagen uit het ziekenhuis, nadat ze er zeven dagen had gelegen. 's Ochtends kreeg ze te horen dat ze naar huis mocht, een boodschap die ze schouderophalend aanhoorde.

'Naar huis?' zei ze tegen de arts. 'Mijn zoon ligt hier, wat heb ik thuis te zoeken? Ik woon in Leeuwarden.'

Ik hoorde het haar zeggen.

Teaske pakte haar spullen en nam haar reistas mee naar de NICU, om de rest van de dag aan het bed van Bent te zitten, naast mij. Aan het begin van de avond viel ze in slaap in haar stoel. Ik liet haar liggen, maar Zuster Miriam maakte haar wakker en beval haar naar mijn appartement te gaan. Teaske wilde blijven, maar Miriam was onvermurwbaar. 'Ik wil geen slapende ouders op de zaal,' zei ze.

Van alle soorten van verdriet is de moeder die haar zieke kind gedag kust in een ziekenhuis misschien niet het meest indrukwekkend, maar mij raakte het zeer. Teaske, acht dagen na de bevalling van Bent alweer een blakende jonge vrouw, boog zich over het bedje om haar lippen op het voorhoofd van haar zoon te drukken, een van de weinige plaatsen op zijn lichaam die niet werd ontsierd door draden, plakkers, pleisters of slangen. Haar kus, vlinderlicht op zijn huid.

Hierna bracht ik haar naar de uitgang, waar taxi's stonden te wachten. Het was half negen. De meeste familieleden waren gearriveerd voor het bezoekuur, het was niet druk in de hal. Bij de grote draaideur stonden een stuk of tien schoonmakers — de meesten van mediterrane afkomst — naast hun wagentjes te wachten op marsorders. Er waren twee Nederlandse jongens bij, die eruitzagen alsof ze een taakstraf hadden. Een van hen droeg een T-shirt met psychotische kleuren. Teaske en ik liepen langs hen, niet al te snel, omdat lopen haar nog niet makkelijk afging.

Toen we voorbij de schoonmakers waren, hoorden we de jongen met het T-shirt zeggen: 'Soho, dat wijf heb lekkere noten.'

Hij zei het net hard genoeg voor ons om te kunnen horen. Een *wijf* met *noten*. Hiermee doelde hij op de omvang van Teaskes borsten. Geen onderwerp om al te lang bij stil te staan in een ziekenhuis en zeker geen mededeling om hardop tegen een collega te zeggen.

Teaske en ik draaiden ons beiden om naar de schoonmaker. De jongen negeerde mij, maar Teaske gaf hij een half-brutale, half-ongeïnteresseerde blik. Hij leek uit te stralen dat ze niet moest zeuren, want ze hád toch lekkere noten? Ik zag dat een paar andere schoonmakers naar Teaskes borsten keken. Ik dacht aan de onverzettelijkheid van Ordy, aan de bereidheid om zonder aarzeling maximaal geweld te gebruiken. Mijn gestrekte vingers in zijn oog. Mijn vuist in zijn neusschot. Ik had geleerd hoe ik hem moest doden.

'In ieder geval noten die nooit voor jou zullen zijn, rukker,' zei Teaske, niet eens fel of boos. 'Met dat vadsige homofielenhoofd van je.'

Iedereen had gehoord wat Teaske had gezegd.

Ze draaide zich om en schuifelde verder. Nu de jongen haar niet meer kon aankijken, wendde zijn blik zich agressief in mijn richting. Hij was door een vrouw beledigd over zijn mannelijkheid. Op dat moment begon de Nederlandse maat van de notenliefhebber hard te lachen. Blijkbaar stond deze jongen hoger op de sociale ladder, want ook de andere schoonmakers brulden het uit. De jongen kreeg een klap op zijn schouders van zijn vriend.

'Rukker,' zei een Marokkaanse vrouw Teaske lachend na, alsof ze het woord voor het eerst in haar leven hoorde, en misschien was dit ook zo.

De Sódóma, tien minuten later
Met hun glas in de hand lopen Egon, Ludo en Zwitserse Frank naar de instrumenten op het podium. Junior kijkt ze na en vertelt aan de bebaarde mannen bij de bar dat wij in Nederland bekende popmuzikanten zijn. Dit scheert langs de waarheid omdat Egon, Ludo en Frank vroeger alle drie hebben gespeeld in een obscuur bandje: Egon bij een lawaaitrio met de fijnzinnige naam Schaamschurft, Ludo bij een herriecantate met de al even delicate benaming De Lachende Aarsmade en Frank was jarenlang drummer van de niet eens in de vergetelheid geraakte Utrechtse punk-formatie Dokter Perenkut.

Op werkdagen komen we doorgaans rond vieren aan in de zaal waar we die avond moeten optreden. Dan hebben Govert en Zwitserse Frank het decor opgezet en zijn de instrumenten die we bij de voorstelling gebruiken al gestemd. We beginnen iedere dag met een half uurtje inspelen, bijgestaan door Frank op drums en Junior op gitaar (als hij er toevallig bij is). Ik sta de eerste nummers meestal toe te kijken, tot ik word uitgenodigd mee te zingen om de microfoon te soundchecken.

Junior vraagt aan de muzikanten of ze het goed vinden dat *the band from Holland* een beetje jamt op het podium. Om zijn verzoek kracht bij te zetten gebaart hij de barman nog een rondje neer te zetten. De bebaarde rockers halen hun schouders op, er is toch niemand in de Sódóma, wie zouden we kunnen wegjagen? Jullie doen je best maar.

Egon gaat achter de elektrische piano en Frank achter het drumstel zitten, Ludo en Junior pakken de gitaren. Even stemmen ze, om vrij abrupt het nummer in te zetten dat zij altijd als eerste spelen om het geluid in de theaters te testen: een upbeat punkversie van Boney M's 'Daddy Cool'. Honderden keren heb ik dit nummer gehoord. Govert noemt het 'de stoelen in het theater wakker maken'.

Alleen staan we nu niet in een theater, maar in een kleine poptempel in IJsland. De mannen met de baarden aan de bar draaien hun hoofden in de richting van het podium. Ik kijk naar mijn entourage. Het is kinderachtig, maar ik heb een trots gevoel: mijn jongens spelen de tent hier plat. Al zit er dan niemand.

'*Ladies and gentlemen,*' roept Egon in de microfoon als het nummer is afgelopen, '*for the first time live in the Sódóma, Reykjavik, Iceland... This is the legendary Dutch popgroup... Pubic Scabies!*'

De IJslandse vrouw op de kruk begint te applaudisseren. In Nederland wilde het met Schaamschurft niet echt lukken, maar ze zijn *big in Iceland*. En dan gebeurt waar ik al voor vreesde.

'*And now we're featuring our lead singer, the greatest living sex god in the Netherlands... Mister Daddy Cool himself,*' roept Ludo, waarna hij mijn naam door de lege ruimte schalt.

'Je moet op,' zegt Govert tegen mij.

Magische woorden. Het is onmogelijk om het moment voor opkomst uit te leggen aan iemand die nooit op een podium heeft gestaan. Die paar seconden voordat een theatermaker vanuit het donker in het volle licht stapt. Er wachten achthonderd man, die geld hebben betaald om te worden vermaakt op hun schaarse vrije avond. Er zijn oppassen geregeld en volleybaltrainingen afgezegd. Uit de honderden alternatieven heeft het publiek ervoor gekozen om naar ons te komen.

Iedereen in het vak gaat anders om met het slopende kwartier voor aanvang. Egon en Ludo voetballen met onze technici op het podium, maar ik ken ook collega's die iedere avond kotsend boven een emmer hangen in de coulissen of hun spanning wegmasturberen op het toilet van hun kleedkamer. Zelf mag ik graag ijsberen in de gangen achter het podium. Schouwburgen hebben in de ruimtes bij het toneel vaak ingelijste foto's hangen van beroemde bespelers. Vaak met een persoonlijke handgeschreven boodschap erbij. Sta je te kijken naar het lachende gezicht van Jean-Louis Pisuisse, Louis Davids, Wim Sonneveld, Snip of Snap. In de Franse cabaretwereld worden de helden uit het verleden *les monstres sacrés* genoemd: de heilige monsters. De intimiderende boodschap is: deze mensen hebben het publiek ooit aan gort gespeeld, ga nu maar kijken of jou dat ook lukt.

Vlak voordat ik eens op moest leunde ik in de gang van een oud theater tegen de muur naast een gesigneerde foto van een bont revuegezelschap, anno 1957. Ik herkende een paar gezichten. Een langslopende bejaarde technicus wees me een zangeres aan die heden ten dage stemmige liederen zingt voor uitvaarten en crematies. Toen ging zijn vinger naar een lachende goedzak achteraan op de tweede rij.

'Hij was in die tijd een beroemde kunstfluiter,' zei de technicus. 'Had een act waarbij hij alles wat hij kon vinden gebruikte om op te fluiten. Brillen van toeschouwers. Aanstekers. De pet van de brandweerman... hij kreeg uit alles geluid.'

De avond dat de revue hier in het theater had gestaan was er echter iets gebeurd dat al die jaren in de overlevering was blijven hangen. De zangeres die nu hoog in de Rouwliederen Toptien staat had in die jaren namelijk te kampen met een nogal onstuimig libido. Vlak voordat de fluitist op moest was hij door de zangeres verleid om haar even met zijn handen en mond te bevredigen in de coulissen. Daar werd ze namelijk rustig van.

'De fluitist vergat alleen dat hij aan de beurt was en pas toen hij de tweede keer door de spreekstalmeester werd aangekondigd wist hij zich te bevrijden uit de klauwen van de zangeres,' vertelde de oude technicus. 'Alleen had hij zich niet gerealiseerd dat je met natte vingers en een natte mond onmogelijk kunt fluiten. Stond hij dan, voor een volle zaal, een beetje te sputteren.'

Sódóma, een half uur later
Zonder dat ik het doorhad is de poptempel redelijk volgelopen met IJslandse jongeren. We hebben ons halve repertoire inmiddels gespeeld, inclusief een tempocover van Frans Bauer ('Heb je godverdomme even voor mij?'). Bij ons laatste nummer wordt er in een hoek van de zaal geapplaudisseerd. Junior, punker in pak, buigt diep.

'*You were a great audience,*' roept Egon voor hij van het podium stapt, '*let's have children together.*'

Lachend lopen we in de richting van Govert, die in zijn eentje bij de punt van de bar zit. Het voelde goed om even te spelen, dit optreden schrijven we bij in de ervaringenordening van Groep Smulders. Voor we bij Govert aankomen worden we tegengehouden door de barman met het roodborstje op zijn arm. Hij vraagt of we vanavond nog een keer willen spelen. Ik ben de enige die twijfelt, tot de man tegen Junior zegt: '*I can't offer you money, but you can have free beers.*'

Gratis bier. Het is lang geleden dat we voor consumptiebonnen hebben gespeeld.

In de hoek van de bar kijken we naar de verrichtingen van onze bebaarde collega-musici, die zichzelf aankondigden als: '*We're Flooding Blood, from Germany.*' De band speelt een ouderwets setje *old school* hardrock. Veel gebrul, haargewapper, af en toe steekt de zanger – hij is jonger dan wij – pathetisch zijn wijsvinger en pink dreigend in de lucht.

'Flooding Blood... brrrr...' zegt Ludo.

'Ik moet me straks heel erg inhouden om hier geen persiflage op te maken,' zegt Egon. Ondertussen staat er een grote groep IJslandse jongeren om ons heen te drinken, dansen en vlooien. Opvallend is dat er veel meer meisjes zijn dan jongens. De vrouw aan de bar, de IJslandse echtgenote van een van de Duitse rockers, legt uit dat Reykjavik een mannentekort heeft omdat veel mannen op zee varen of doordeweeks honderden kilometers hier vandaan werken. Daarom gedragen de vrouwen zich bij het uitgaan zoals mannen doen in steden waar geen vrouwenoverschot is. Vrouwen zijn in Reykjavik de versierders, de macha's, de geslepen jagers. Dat hadden we gisteren in de kroeg Thorvaldsen ook al door, maar toen dachten we nog dat het aan ons lag.

Alsof het is afgesproken komt er meteen nadat de vrouw dit heeft verteld een meisje van een jaar of twintig naar Egon toe. Ik kan niet precies horen wat ze vraagt. Na anderhalve minuut huppelt ze weer terug naar haar vriendinnengroepje.

'Waar we vandaan komen en of ik getrouwd ben,' schreeuwt Egon een korte samenvatting van het gesprek.

'Wat heb je gezegd?' vraagt Ludo.

'Ik heb eerlijk gezegd van niet,' zegt Egon, die inderdaad niet met Lilianne is getrouwd, maar wel al jaren met haar samenwoont. 'Ik heb gezegd dat jij wel getrouwd bent.'

'O bedankt,' zegt Ludo, die zijn arm om zijn broer legt, hem naar zich toetrekt en als een typetje zegt: 'We hebben hem nog, hé?'

'We hebben hem nog!' zegt Egon. 'Heren, we hebben hem nog!'

Ik weet niet of het er iets mee te maken heeft, maar vijf minuten later staan alle bezette mannen uit onze groep (en dat zijn we op een na allemaal) sms'jes te sturen naar Nederland. Ik ben de laatste die zijn mobieltje pakt.

'*Mooie mamma,*' typ ik, '*weet dat jij en Bent altijd in mijn gedachten zijn. Ik rij rond op dit eiland en denk aan jullie. Ieder kind is Bent. Iedere vrouw ben jij. Er is niets dat me niet naar jullie brengt. Of misschien is het andersom: door jullie zie ik alles. X x Xx X xX x Xx xX xX. XXXX xxx X.*'

Het aantal X-jes onder mijn sms'en geldt als een onbewuste morsecode, een subliminale boodschap.

Binnen dertig seconden krijg ik een sms terug.

'*Vandaag 480 cc, zonder sonde. Slaapt nu. Ga ook slapen. X.*'

'Alles goed thuis?' vraag ik aan Ludo, die zijn telefoon weer terug in zijn zak stopt.

'Ziv heeft Pam vandaag voor stom wijf uitgemaakt,' zegt hij, zijn glas bier van de bar pakkend.

'Verrassend toch hoe snel kinderen dingen doorhebben,' zeg ik.

Ludo kijkt me glimlachend aan. 'Dit ga ik zo ontzettend aan Pam vertellen, dat jij dit hebt gezegd.'

Tijdens een theatertournee zien we onze vrouwen minder dan we elkaar zien. Lilianne en Pam noemen zichzelf spelersweduwen. Vroeger gingen ze vaak mee naar voorstellingen, maar de afgelopen seizoenen kwamen ze alleen bij de première en de dernière. Twee jaar geleden hadden we een kerstdiner, het laatste waar Samarinde bij was. Pam zei: 'Eigenlijk hebben Lilianne en ik een schoonzusrelatie, de mannen nemen we er af en toe even bij.'

Lilianne vertelde dat ze niet meer met ons mee het land in ging omdat ze gek werd van alle vrouwen die zich aan ons komen opdringen.

'Aan Egon en Ludo met name,' zei ik.

'Tuurlijk lieverd,' zei Samarinde.

'Dat begint al met verwaten schouwburgdirectrices in roodlederen mantelpakjes, die ons een slap handje geven en zich vervolgens helemaal richten op jullie,' zei Lilianne. 'Alsof wij niet bestaan. Alsof wij bijzettafeltjes zijn. Vrouwen zijn keihard tegen elkaar.'

Pam viel haar bij.

'Al die *wijven* in de zaal. Ouwe moekes die opzichtig met jullie flirten als ze na afloop een cd van de vorige voorstelling komen kopen. Heel hard lachen om alles wat jullie zeggen en dan een beetje met hun tepels zwaaien.'

'Of jonge grieten,' ging Samarinde verder, 'de zogenaamde Smulders-Jugend. Die wichtjes die met hun borstjes pront vooruit zwijgend op een afstand staan te wachten in de hoop dat een van jullie hen aanspreekt.'

'Wat we nooit doen...' zei Egon.

'*Yeah sure,*' zei Pam.

'En als hen dat te lang duurt komen ze even over jullie heen hangen en vragen of jullie nog zin hebben ergens iets te drinken. Waar wij godsamme náást staan.'

'Wij kunnen er toch niets aan doen dat vrouwen met ons flirten?' zei Ludo, die dit gesprek wel vaker had gevoerd. 'Dat is ons beroep. De zalen moeten vol. Vrouwen vinden het leuk om naar mannen te kijken. Wij bieden hen die gelegenheid.'

'O, het is zakelijk?' riep Lilianne. 'Wat professioneel!'

'Wat denken die meiden? Dat jullie *leuke* mannen zijn, omdat je weleens een grapje op het toneel maakt? Dat jullie niet iedere week vijf avonden van huis zijn? Altijd tot in de middag in je stinkende bed meuren en op de avonden dat jullie geen optreden hebben vermoeid op de bank liggen te kankeren op de cabaretiers op tv. Denken ze dat jullie je vieze sokken zelf wassen? Denken ze dat jullie onderbroeken geen remsporen hebben?'

Het was Samarinde die dit had geroepen, onder applaus van Lilianne en Pam.

'Denken ze nou écht dat het leuke mannen zijn?' riep Pam (dezelfde Pam die me kwam troosten toen Samarinde bij me wegging en die zei dat er zeker weer een andere vrouw zou komen. Dezelfde Pam die me bezorgd toesprak toen er inderdaad een ander kwam, met toevallig een kindje in haar buik. De Pam die me waarschuwde en aanraadde voorzichtig te zijn. Dezelfde Pam die toen Bent eenmaal was geboren extra maaltijden langsbracht en voortdurend hulp aanbood, goedbedoelde hulp die ik afsloeg, want Bent was iets tussen mij en Teaske, de vrouw die nooit cabaretweduwe mocht worden).

Het werd een routine: ik stond om zeven uur op, douchte, reed naar het ziekenhuis, at in de kantine, ging 's avonds om elf uur weer terug naar mijn appartement. Overdag las ik boeken, al zou ik niet meer weten welke. Ik probeerde te schrijven, maar het enige dat mijn cursor liet bewegen waren aantekeningen voor mijn feitenrelaas ('Bents bed werd schuin gezet in een houding die Miriam *anti-trendelenburg* noemde').

Ook de ochtend na de dag dat Teaske was ontslagen ging ik al vroeg naar de NICU. Teaske liet ik slapen. Overdag gaf ik haar telefonisch een Bentrapport. Ze luisterde naar zijn belevenissen. Ik vroeg hoe het met haar ging. Even zweeg ze zuchtend.

'Ik kom vandaag niet,' zei ze, en dat begreep ik. Ik begreep het helemaal niet, maar voor haar begreep ik het.

De dag daarna hetzelfde patroon. Ik vertrok vroeg naar het ziekenhuis, zat de hele dag aan Bents bed en ging tegen de nacht weer naar huis. Overdag belde ik Teaske vanuit de hal.

'Ik heb geen moed om te komen,' zei ze opnieuw. Ik dacht dat ik het beter begreep dan de dag ervoor. We vulden elkaar goed aan: zij wilde niet in het ziekenhuis zijn, ik nergens anders.

Een dag later had Teaske nog steeds geen moed gevonden. Ze had een zware bevalling gehad en veel te verwerken. Ik zat aan het bed van haar zoon en dat stelde haar gerust. Het stelde mij gerust dat het haar geruststelde.

'Wat doe je de hele dag?' vroeg ik, toen ze na drie dagen nog steeds niet met me mee was gegaan om haar zoon vast te houden.

Schokkend haalde ze haar schouders op.

'Kolven,' zei ze.

Ik had Bent overdag een keer alleen gelaten, om bij een wijkgezondheidsbureau een kolfapparaat te huren, een oranjekleurige zuigmachine die twee noten tegelijk aankon. 'Dit is echt een heel goede, krachtige,' had de man achter de balie gezegd, alsof hij het apparaat ook even op zichzelf had uitgeprobeerd.

Iedere dag vulde Teaske een stuk of twintig plastic melkflesjes, die ik de volgende ochtend gekoeld mee naar het ziekenhuis nam. Bents *own private milk man*. In een gang van de intensive care stond een grote metalen koelcel, waar ouders hun melk konden stallen, voorzien van naamstickers en een datum. Voor sommige baby's lagen er maar een paar flesjes, voor andere leek genoeg opgestapeld om hen hun hele jeugd van melk te voorzien. De verpleegkundigen haalden de flesjes hier op als de moeder niet in staat was het kind aan de borst te leggen.

Vijf dagen achter elkaar moesten de zusters voor Bents melk in de koelcel zijn. Teaske had geen zin meer om naar het ziekenhuis te komen. Ik begon dat steeds minder te begrijpen. Ik las haar voor uit mijn feitenrelaas, vertelde over wat die en die neonatoloog had gezegd, en die en die endocrinoloog, en die en die andere logen.

Van Zuster Miriam kreeg Bent een dagboekje waarin verpleegkundigen en familieleden in verloren momenten stukjes konden schrijven voor later. Ik schreef daar dingen uit over voor Teaske, maar het maakte haar verdrietig dit aan te horen. Ook keek ze nauwelijks meer naar de tele-baby, de Bentcam.

'Wil je hem niet zien?' vroeg ik, toen ik haar 's nachts filmpjes op mijn fototoestel liet bekijken. Bent slapend. Bent met ogen open. Mijn vinger langs zijn wang voor een lachreflex. Bent weer slapend. Bent met krampjes. Teaske keek de filmpjes vanuit haar ooghoeken.

'Ik wil hem wel zien, maar ik wil hem niet zo zien,' zei ze, gebarend naar mijn filmpjes.

De ochtend hierna had ik een lang gesprek met Bents artsen. Liever hadden ze dat Teaske ook bij het gesprek was geweest, maar ze konden niet meer uitstellen wat er moest worden besproken. Er waren medicijnen niet aange-slagen, ze hadden nu lang genoeg gezocht naar symptoom-bestrijding. Hun voorstel was om Bent met een helikopter naar Groningen te vliegen voor een scan die Bent alleen daar kon krijgen. Had te maken met halfwaarden van nucleair materiaal. Ambulancevervoer was te riskant, want als er iets misging, moest hij binnen een half uur in een gespecialiseerd ziekenhuis kunnen zijn.

'Als we vliegen kunnen we altijd een tussenstop maken in Zwolle,' zei een arts.

'En er vliegen voor de zekerheid een arts en een ver-pleegkundige mee,' zei een collega.

Meteen na het gesprek belde ik Teaske, bijna kortade-mig. Ik vertelde haar wat ik net had gehoord. Elk detail maakte haar verdrietig.

Teaske en ik reageerden tegenovergesteld op ontwikke-lingen. Van goede medische berichten over Bent kreeg zij een enorme dosis energie, van slechte raakte ze lusteloos en somber. Voor mij was het andersom: bij goed nieuws sloeg de vermoeidheid toe, bij tegenslag werd ik bevangen door vechtlust.

'Zal ik ook een helikopter huren, zodat we Bent achterna kunnen vliegen?' vroeg ik, maar Teaske gaf geen antwoord.

Sódóma, een uur of één 's nachts
Het heet een *snowclone*, een cliché dat zelf kan worden ingevuld.

X is het nieuwe Y.
De enige goede X is een dooie X.
X is de Y onder de Z.
Wat in X gebeurt, blijft in X.

Deze laatste sneeuwkloon is de vriendencode die we al die jaren hebben geprobeerd niet te doorbreken: wat in Almelo gebeurt blijft in Almelo. Wat in De Kleine Komedie gebeurt blijft in De Kleine Komedie. Wat in de toer gebeurt blijft in de toer. Iedereen in de productie kent de regel: we zien niks, we horen niks, we vragen niks, we ontkennen alles.

Zes shows zijn we nu op pad, bij elkaar bijna twaalf jaar. Ik zal er verder tegen jou niet over uitweiden, maar het is natuurlijk onmogelijk dat er niet heus ooit wellicht eventueel bij een of meerderen van ons gezelschap eenmalig dan wel vaker iets niet helemaal oorbaars is gebeurd aangaande het complex van menselijke gevoelens en bijkomende lichamelijke handelingen die betrekking hebben op de al dan niet in seksuele variaties gesublimeerde geslachtsgemeenschap.

Wat er ondertussen in Reykjavik gebeurt: er staan verpleegsters om ons heen, gelukkige huisvrouwen, scholieren, studenten. De Sódóma is afgeladen. Het contrast met twee uur geleden kon niet groter. De drank stroomt, de sfeer is uitbundig, de banken zitten overvol zwartgeklede jongeren. Een van de meisjes van een groep vlak naast ons legt een arm om Egon heen en een ander roept: '*Hej guys! It's partyyyyyyy!*'

Noem me ouderwets, maar ik hou van wild dat ik zelf moet schieten. Uiteraard stellen Egon, Ludo en Junior zich direct al even hysterisch op. Ludo slaat zijn arm om een derde vrouw, Egon roept ook '*pááártyyyy*' en Junior, lange vrolijke man van in de veertig, neemt een aandoenlijke John Travolta-achtige danshouding aan. Er zijn twee soorten mannen: zij die zich de attentie van vrouwen laten welgevallen en zij die zich door vrouwen laten intimideren. Ik behoor tot de tweede groep. Er komt een jonge vrouw op ons af, dansend op de rockmuziek van Flooding Blood. Ze richt zich op mij, maar ik kijk weg. Dan slaat ze lachend haar armen om Junior heen. Ze zal drieëntwintig zijn, niet ouder. Op haar zwarte T-shirt staat in witte letters *Wish you were here*. Voortdurend haar lach.

Volgens Charles Darwin is lachen 'aangepast blaffen'. We blaffen om de roedel op de hoogte te brengen van goed nieuws, de ontdekking van een mooie prooi. Glimlachen is aangepast lachen, een rudimentaire vorm van blaffen. Junior praat even met het meisje en ziet dan dat ik hem geamuseerd volg. Hij glimlacht naar me, bijna blaffend.

De avond...
voordat Bent met een helikopter naar Groningen zou vliegen probeerde ik Teaske te overreden met mij mee te gaan naar het dak van het ziekenhuis om hem uit te zwaaien.

'Ik ben er bang voor,' zei ze.

Ik keek haar aan.

'Dat hij voor mijn ogen neerstort.'

Ik dacht na en wist niets beters te bedenken dan: 'Dat zal wel meevallen.'

'Voor Bent maakt het echt niet uit of ik op dat dak sta of niet. En voor jou toch ook niet? Maar als ik hem te pletter zie slaan, spring ik ter plekke van dat dak af, dat weet ik wel.'

'Ik snap het,' zei ik, met een weifelende ondertoon.

Teaske keek me lang aan, met felle droevige ogen.

'Ben ik een slechte moeder als ik mijn kind niet wil zien wegvliegen in een helikopter?'

Die nacht sliep ik kort, de momenten dat ik wakker was

pijnigde ik mezelf met schrikbeelden en angstscenario's. 's Ochtends had ik voor mijn gevoel niet geslapen, alsof ik geestverruimende of hallucinerende drugs had gebruikt. Ik was hyper en tegelijkertijd heel moe.

Ik maakte Teaske wakker en kreeg haar zover dat ze met me meeging.

'Als Bent neerstort is het jouw schuld,' zei ze.

Onderweg naar het ziekenhuis had ik een vreemde ervaring. De tocht naar Bent maakte ik iedere dag, soms meerdere keren. Na verloop van tijd werd de rit een automatisme, een bezigheid die ik gedachteloos ondernam, als een buschauffeur die dagelijks zijn vaste routes rijdt. Die ochtend was ik me daarentegen bewust van alles om me heen. Mijn handen op het stuur. De spiegels van mijn auto. Een staat van hyperconcentratie. En het had niets spiritueels of paranormaals, maar tijdens de autoreis kreeg ik het gevoel dat ik onszelf zag rijden. Het voelde (onzin natuurlijk, maar zo voelde het wel) alsof iedere medeweggebruiker ervan op de hoogte was dat wij onze zoon gingen uitzwaaien. Mijn handen trilden, mijn keel klopte. Deze overbewuste gemoedstoestand heet 'het tegenwoordige moment van het verleden', alsof ik me al herinnerde wat ik op dat ogenblik meemaakte. De keren dat ik op die manier uit de werkelijkheid ben gevlucht (bij grote ruzies, hartstochten, sterfbedden en bezoek aan de kinderintensive care) zijn me intenser bijgebleven dan de ontelbare momenten die al in het heden zijn vergeten (de gang naar de supermarkt, autoritten en ja, ook veel optredens).

'Ik weet niet of ik mee dat dak op ga,' zei Teaske tegen Zuster Miriam, toen we op de afdeling aankwamen. Miriam legde een hand op haar arm en zei dat dit normaal was. 'Sommige ouders kunnen er echt niet tegen,' zei ze.

Op de intensive care stond Bents reiscouveuse al klaar, een gekoeld exemplaar, zodat hij niet oververhit zou raken (detail dat ik was vergeten, maar wel had opgenomen in mijn feitenrelaas). Het was een logistieke operatie om Bent met zijn vele snoeren, lijnen en draden in de couveuse te krijgen. Gelukkig vloog Wally met hem mee, zijn vrolijke knuffel. Toen het zover was begon ik samen met een kinderarts, Zuster Miriam en twee leerling-verpleegkundigen aan een lange optocht door het ziekenhuis. Vlak voordat we de afdeling verlieten draaide ik me om naar Teaske. Ik wenkte haar. Diep zuchtend overwon ze haar plaatsvervangende vliegangst en ze sloot zich bij ons aan.

Via een geelverlichte ondergrondse danteske gang onder de openbare weg, kwamen we in het hoofdgedeelte van het ziekenhuis. Met de beddenlift bereikten we het dak, waar vijf brandweermannen klaarstonden, samen met nog veel meer medisch personeel. Mij gaf het juist geen geruststellend gevoel dat er 'louter uit voorzorg' brandweermannen waren opgetrommeld, maar ik zei dit niet tegen Teaske.

Het was lichtbewolkt, er hing geen dreigend onweer. Toen klonk een alarmsignaal omdat in de verte de helikopter naderde, een verrassend kleine machine. Ik maakte foto's, voor Bent, voor later. Bent werd toch nog overgeheveld naar een compactere reiscouveuse (een onverwarmde, meldt mijn relaas), waarna ik hem persoonlijk mocht wegbrengen naar de helikopter. Voordat ik Bent het dak opduwde nam Teaske afscheid van hem. Ze ging met haar hand door een van de armgaten van de couveuse en streelde met haar vinger zijn wang. Hij reageerde niet, maar dat was omdat hij een slaapmiddeltje had gehad voor een rustige vlucht, vertelde de kinderarts. Ik keek naar Wally, Bents blauwe knuffel, die onbewogen bleef te midden van alle emoties.

Buiten gaf ik de piloot een hand en ik zag hoe de couveuse in het toestel werd getild. Op de valreep vroeg Zuster Miriam me om mijn fototoestel, zodat ze Bents bezoek aan Groningen kon vastleggen.

En toen werd iedereen die niet meevloog verzocht achter de glazen balustrade plaats te nemen. De buitendeuren sloten. Wederom klonk er een alarmsignaal, tergend traag zetten de wieken zich in beweging. We keken toe hoe de helikopter zich bijna met tegenzin oprichtte van het dak, heel even bij wijze van afscheidsgroet leek te blijven hangen en er toen vandoor schoot. Het geluid van de motor had alle andere geluiden overstemd.

We hadden geen zin om in het ziekenhuis te wachten, en daarom kwam ik voor het eerst in ik weet niet hoeveel dagen overdag in mijn appartement. Mijn hyperconcentratie had inmiddels plaatsgemaakt voor een lome gelatenheid. Teaske wilde nog even op bed liggen, en ik ging de straat op om broodjes te halen. Toen ik terugkwam zat Teaske te roken op de bank die Samarinde ooit had gekocht.

'Heuj,' zei ik in vloeiend Fries.

'Heuj.'

Ik ging tegenover haar zitten en nam een broodje. Teaske nam er geen.

Ze volgde hoe ik at.

'Is er iets?' vroeg ik.

Langdurig keek ze me aan, zonder iets te zeggen. Het voelde als een scène uit een van de arthousefilms die ik voortdurend door Ludo krijg aangeraden, waar personages minutenlang zwijgend naar elkaar kijken en uitsluitend met elkaar communiceren door met een vingertop van een ringvinger zachtjes tegen een koffiekopje te tikken. Ik at, Teaske rookte. Zij keek naar mijn mond, ik naar haar lippen als ze een trek nam.

'Gaat het goed?' vroeg ik.

Ze haalde adem om iets te zeggen, maar deed dat niet.

'Wil je echt geen broodje?'

'Waarom zit jij tegenover mij?' vroeg ze.

Ik keek haar vragend aan.

'Waarom zit je niet naast me?'

Verbaasd stond ik op en ging naast haar op de bank zitten. Ze keek me aan, ik keek haar aan en een seconde later hielden we elkaar plotseling in een wurgomhelzing. Haar lichaam geperst tegen het mijne. Hoelang geleden was het dat we elkaar zo hadden beetgehouden? Ik hoorde haar ademhaling, rook haar geur, voelde haar hart kloppen onder haar borst. Na een paar minuten zei ze, bijna onverstaanbaar, met haar lippen dicht bij mijn oor: 'Ik heb eraan gedacht om naar Leeuwarden te gaan.'

'Ja?' fluisterde ik terug. En na een stilte: 'Naar je moeder?'

'Nee, naar mijn eigen huis.'

Teaske pakte me nog steviger beet.

'Naar mijn ex misschien.'

Een korte schok door mijn lichaam.

'Je ex?' zei ik, iets harder dan fluisterend. Er schoot me een beeld te binnen over een jongen die té onaardig was.

'Ik ben niet naar hem toegegaan, maar heb eraan gedacht,' zei ze, heel zacht. Ik denk dat mijn greep hier verslapte, maar Teaske liet me niet gaan.

'Waarom?' fluisterde ik. 'Ik snap het niet.'

Ik voelde dat ze haar schouders optrok.

'Omdat ik behoefte had aan... ik weet niet waar ik behoefte aan had,' ademde ze. 'Ik wilde niet meer hier zijn. Jij bent alleen maar bezig met Bent.'

Ik wilde wat zeggen, maar nauwelijks hoorbaar maakte ze een s-klank. Haar lippen in mijn oor. 'Ik voelde me zo ongelukkig, zo eenzaam. En zo'n slechte moeder, dat ik aan mezelf dacht en niet aan hem.'

Ik fluisterde dat dit onzin was. Met nog hesere stem ging ze verder: 'Ik wilde bij Bent zijn, maar ik werd gek van de sfeer in het ziekenhuis. Ik zat hier dagen alleen in jouw huis, jouw meubels, jouw boeken.'

'Maar waarom heb je me dat niet gezegd?' zei ik zacht. Ze had een week in het ziekenhuis gelegen. Ze had dood kunnen zijn. Haar kind had dood kunnen zijn. Waar was ik, behalve bij haar zoon?

Ze kuste me op mijn oor. Haar tong om mijn oorlel. 'Ik was bang dat je meer van Bent hield dan van mij.'

Een paar uur later stonden we samen op het dak van het ziekenhuis te wachten op Bents terugkeer. We omarmden elkaar nog steeds. Aan de hemel geen donderwolken, de zon was zelfs doorgebroken. Nog voor de helikopter was geland had Zuster Miriam haar duim al opgestoken. Ze gebaarde dat alles prima was verlopen.

'Wat goed dat je erbij bent!' riep Miriam vanaf het platform in Teaskes richting.

Teaske verstond het niet.

'Wat zegt ze?'

'Dat het goed is dat je erbij bent!' zei ik. Schreeuwde ik. Ik geloof zelfs dat ik het heel hard heb geschreeuwd.

De Sódóma, half drie 's nachts
Dit is het beste optreden dat we ooit op IJsland hebben gegeven. Uit schaarste is onze playlist bijna dezelfde als eerder vanavond. Punkuitvoering van 'Daddy Cool', Nederlandstalige versie van 'That's Entertainment' van The Jam ('Dat is entertainment'), Frank Sinatra ('Let Me Try Again'), upbeatcover van The Beach Boys ('Wendy'), Bad Manners' 'Lorraine' (met het liefdevolle refrein *'and when I find her I'm gonna kill her, and when I find her I'm gonna kill her'*) en 'Too Drunk To Fuck' van de Dead Kennedys. Punk op leeftijd. Mature hard core. De IJslandse jeugdige zaal gaat los op de muziek van Schaamschurft. Er wordt gesprongen, geduwd, getrokken en de meisjes dansen alsof ze diamanten hebben in het trefpunt van hun dijen (zoals Homerus dat zo prachtig wist te zeggen). De

gitaren van Egon en Junior zijn machtige zwaarden.

Onze onverwachte gig verloopt geweldig, totdat Egon en Ludo bedenken dat het misschien een grappig idee is om al improviserend de Duitse formatie Flooding Blood, les monstres sacrés van vanavond, eens liefdevol te persifleren. Soms is onze genegenheid zo groot dat we dit uiten door te plagen. Met een zware stem buldert Egon in de microfoon: '*And now a hommage to Flooding Blood, the Greatest rock-'n-rollband ever from... Großenknetenlüder in Deutschland.*'

Doe het niet, denk ik, doe het niet, maar het is te laat. Egon schalt een lange monosyllabische uitroep door de speakers, waarna Zwitserse Frank op de dubbele bassdrum begint te raggen en Junior op zijn gitaar hakt. Het is opvallend hoe gemakkelijk we het geluid van Flooding Blood te pakken krijgen. In één keer raak. De IJslandse jongeren begrijpen de grap en headbangen bijna satanisch met ons mee. Natuurlijk is het een parodie waar grote bewondering uit spreekt, maar zo wordt het niet begrepen door de Duitse mannen met de baarden. Sommige humor is blijkbaar niet internationaal.

Even wordt het onaangenaam. De Bloodflooders komen dreigend naar voren. Ze laten zich niet voor lul zetten door een paar jokers uit Nederland. Nog in het applaus beklimmen ze het podium om ons hun instrumenten af te pakken of ik weet niet wat ze van plan zijn. Waar is Ordy als je hem nodig hebt? Een kort moment dreigt het uit te lopen op een knokpartij (oogprik, neustrap, de bereidheid om maximaal geweld te gebruiken, *kill, kill*), maar Egon en Junior weten een opstoot met hun charme in de kiem te smoren. Egon kijkt de meest agressieve Bloodflooder aan met een ontwapenende blik waaruit toch geen angst spreekt en — belangrijker — Junior bestelt nog een rondje.

Een half uur later lopen we nalachend terug naar het hotel. Van een kroegentocht die in Nederland niet meer mogelijk is, is niets terechtgekomen, maar *Pubic Scabies did Iceland*, en dat is ook wat waard. Het plezier in optreden was helemaal terug. En dat beantwoordt meteen de belangrijkste vraag van de ervaringsordening van deze episodische beleving van de wereld om ons heen: waarom we dit eigenlijk deden. We hebben hem nog. We zijn niet verslagen.

TUSSEN HET VUUR EN HET IJS

Hoe leeg moet het voelen om je oordeel over je eigen leven te laten afhangen van maatschappelijk welslagen? Een Nederlandse schrijver zei ooit dat de definitie van succes is beter te presteren dan je beste vriend. Wat een liefdeloze, onuitstaanbare gedachte. Mijn definitie van vriendschap is: in stilte hopen dat je beste vriend beter presteert dan jij. Succes is voor strebers, graagwillers, ambitieuzen, ontevredenen, inhalers, voordringers, schouderduwers, banenjagers, waaghalzen, carrièreplanners, risico-investeerders, roemzuchtige arrivisten. Vanuit een koud leeg weids en robuust IJsland proost ik heimelijk op het succes dat je toevallig ten deel mag vallen, beste vriend.

Vroeger dacht men dat de lengte van de dag door God was aangepast aan de slaaptijd van de mens. Wat zullen de IJslanders het de Schepper lastig hebben gemaakt. De zon komt in dit jaargetijde laat in de morgen op en gaat vroeg in de namiddag weer onder. Deze ochtend worden we bij het hotel door onze gidsin Ragnheidur Fjalardóttir opgehaald in een fonkelnieuwe tank, die nog groter is dan de witte Ford waarin ze de voorgaande dagen kwam voorrijden. De wielen van dit monster reiken tot mijn borst.

'*Today we are going for the heavy stuff*,' zegt Ragnheidur, die als eerste een shagje bietst van Govert, Chef Zware Van Nelle. We vormen een kring bij de terreinwagen om het dagprogramma met Ragnheidur door te nemen. We krijgen een vulkaankrater, een geiser, een waterval, een gletsjer en een speciale attractie waarover ze nu nog niets kan zeggen, behalve dat het waarschijnlijk onze dood wordt.

'And when you do survive, I will bring you later on to a famous brothel,' voegt ze eraan toe.

'Really?' vraagt Junior, net iets te verheugd, die dit onderdeel niet heeft zien staan op de uitdraai van het reisbureau.

'No, just kidding,' zegt Ragnheidur. *'It's not that famous.'*

Even blijven haar woorden hangen en dan dalen ze in. Mannengrap. Ragnheidur is *one of the boys*.

'Goeie timing,' zeg ik in het Nederlands tegen Ludo, die voorstelt om haar mee te nemen op tournee. Tegen de andere mannen gaat Ragnheidur verder: *'Yesterday I was sleeping in my bed, thinking of you, of course... I was lonely...'*

'Really?' vraagt Junior.

'No, that's not true, I've got a boyfriend... and a husband, but anyway, I was asking myself: you're not bankers, are you?'

We lachen, de eerste keer in ons leven dat we worden aangezien voor bankiers.

'Do we look like bankers?' vraagt Egon.

Ragnheidur schiet haar peuk op de grond en draait deze met de punt van haar bergschoen uit.

'You look like pussies to me, that's for sure.'

Met de temperatuur valt het erg mee. De kou is niet het grootste probleem, legt overste Fjalardóttir uit, het zijn de temperatuurschommelingen. Binnen een uur kan het hier gerust vijftien graden stijgen of dalen. Ik wil niet het gevaar lopen om buitensporige conclusies te trekken uit magere waarnemingsgegevens, maar IJsland is een ruig land. Ken je het beeld van de Toengoeska-explosie, toen er begin vorige eeuw in Siberië een meteoriet neerstortte? Dat is een lieflijk landschap vergeleken met het volstrekt boomloze lugubere gebied dat we nu doorkruisen. We zijn onder de indruk van de tafelbergen, meanderende waterstromen, gestold lava, vreemdvormige magmasculpturen, stenen en ijsschotsen.

'Moet je zien,' zegt Egon. 'En daar zetten wij dan als Nederland de Keukenhof tegenover.'

'Ik vind de Keukenhof anders ook heel indrukwekkend,' zeg ik.

'Mag ik hier even met jullie als getuigen vastleggen,' zegt Ludo, 'dat het enige dat ik in mijn donorcodicil wil, is dat als ik eenmaal dement ben ik niet word meegenomen naar de Keukenhof?'

Anderhalf uur rijden we door de woeste binnenlanden. De weg wordt steeds onbegaanbaarder. We begonnen met een lang stuk geasfalteerde tweebaan, inmiddels rijden we op een onverhard pad met enorme kuilen en scheuren. De tank schokt en slingert ons alle kanten op. Ragnheidur vertelt van het verborgen volk, het *huldufólk*, wezens die zich schuilhouden in de onherbergzame krochten en ijstongen. Ooit ging God op bezoek bij Eva in het Paradijs. Eva had geen tijd om al haar kinderen er een beetje fatsoenlijk uit te laten zien voor hun Schepper. De kinderen die ze niet meer kon schoonboenen verstopte ze. God, de Vergeetachtige, vroeg aan Eva of ze nog meer kinderen had. Ze ontkende dit, en daarmee is het allemaal misgegaan. Sindsdien moeten de nazaten van Eva's ongewassen kinderen een verborgen leven leiden. Op IJsland, nota bene, vluchtelingenkamp van het Paradijs.

Ragnheidur draait zich naar ons om.

'*Or are you guys huldufólk?*' vraagt ze, een grap die ze aan de timing te horen niet voor de eerste keer maakt.

We rijden langs een groep geologen of andere wetenschappers, die met een man of tien staan te beitelen bij een opgraving. We volgen hun verrichtingen. Egon stelt voor om hier vannacht naartoe terug te rijden en bij de site stenen te begraven waarop we hebben geschreven: '*Thank you very much for your hard and useless work.*'

De weken dat Bent in het ziekenhuis lag heb ik me huldufólk gevoeld. Na Bents bezoek aan Groningen kreeg ik een cold turkey van de werkelijkheid: de drang om me verborgen te houden. Nooit kunnen vermoeden dat er een maand zou komen dat ik geen enkele krant las en vrijwel geen tv keek. Het volgen van de actualiteit is een drug, het voegt niets toe aan het leven, anders dan snelle onbevredigende sensaties. Wekenlang was ik ongewis van aanslagen, stakingen en vredesbesprekingen waar ook op aarde. Ons bestaan speelde zich af in onze isolette op de NICU, onze drie kubieke meter op aarde. Ik begon te lijden aan tijdelijke dementie: ik las boeken, onderstreepte toepasselijke zinnen en alinea's, maar vergat al na een dag wat ik had gelezen, laat staan wat ik zo belangrijk had gevonden.

Een ander fenomeen waarvoor ik eens horizontaal op een sofa zal moeten: ik kreeg *verteldrang*, de neiging om willekeurig mensen te bellen of sms'en met een verslag van de laatste wetenswaardigheden. De uitslagen van onderzoeken, prognoses, medische misstanden, data van nieuwe ingrepen. Ik merkte aan mezelf dat ik 'vaste verhalen' begon uit te zenden, zoals mijn moeder vroeger ook steeds dezelfde anekdotes afstak tegen haar vriendinnen, tot ergernis van mijn zus en mij. Ik hoorde me in letterlijke bewoordingen vijf keer achter elkaar hetzelfde vertellen. Het kwam voor dat ik Zwitserse Frank woedend op de hoogte bracht van een bij Bent verkeerd aangelegde arterilijn, om in de seconde dat ik ophing meteen kortademig Govert te bellen voor de herhaling.

Op een middag zaten Teaske en ik bij het bedje van Bent, Teaske verdrietig omdat 's nachts het haar van een zijkant van Bents hoofdje was weggeschoren voor een noodlijn. De ijdelheid van een moeder. 'Hij ziet er al niet uit met al die kabels, en nu heeft hij ook nog maar aan één kant haar.'

In mijn feitenrelaas maakte ik uitgebreid aantekeningen van het incident. Een verpleegster kwam bij me staan.

'Aan het werk?' vroeg ze belangstellend. Ik knikte om ervan af te zijn. En daarrrr kwam hij, vrijwel uit het niets, Standaardopmerking tegen Schrijvers no. 6: 'Ja, je zou er een boek over kunnen schrijven wat er hier allemaal op de afdeling gebeurt.'

Ik zag dat ze zich voorstelde wat er in dat boek zou staan: het leed op de afdeling, de bijzondere genezingen, de saamhorigheid van het verplegend personeel, het gedrag van ouders.

Normaal hou ik een notitieblokje bij met grollen en *witticisms* voor in de show, maar al die tijd in het ziekenhuis heb ik welgeteld één aantekening gemaakt, voor een woordloze tv-sketch. Locatie: een zaal met een stuk of zeven baby's in couveuses op een kinderintensive care. Bij ieder kindje staan twee ouders met eventueel familie. Het is bedtijd, het licht op de afdeling wordt door de zuster gedempt, de ouders maken zich op om naar huis te gaan. De kinderen zijn fragiel en kwetsbaar. Er hangt een serene rust.

Een van de ouders trekt aan het touwtje van een ietepetieterig muziekdoosje. Heel zachtjes begint er een slaapmuziekje te tingelen. De baby in de couveuse kijkt glimlachend op. De ouders kijken glimlachend naar hun kindje.

De ouders bij het bedje ernaast volgen dit schouwspel.

Hun kindje glimlacht niet. De vader pakt een eigen muziekdoosje, windt dit op en hangt het apparaatje aan de couveuse van zijn baby. Er klinken nu twee deuntjes door elkaar. Het kindje in de couveuse begint te glimlachen. De ouders glimlachen terug. De ouders van de eerste baby kijken verstoord op.

Bij een derde bed hebben de ouders gezien wat er gebeurde. Ze kijken naar elkaar en naar hun kind. Ook zij pakken een speeldoos, een iets groter exemplaar. Het touw is dikker. De moeder trekt het touw naar beneden, waarna er een iets agressiever slaapliedje begint te tingeltangelen. We horen nu drie deuntjes.

De ouders van een ventje een bed verderop laten dit niet op zich zitten. Ze grijpen naar een nog grotere doos, waarna de vader verbeten aan het mechaniek draait. Weer een bed verder pakt een moeder een speeldoos ter grootte van een meloen. Prompt klinken er vele slaapdeunen door elkaar, een kakofonie van zoete geluiden. Een Laurel & Hardy-achtig verloop. Bij weer een ander bed sluit een vader een gettoblaster aan. Het volume gaat op 10, uit de boxen schalt een melodie. Bij het laatste bed haalt de moeder een trompet uit een koffer en de vader plugt een elektrische gitaar in een versterker. Alle baby's huilen.

Ondertussen op IJsland...
leest Ragnheidur in de tank een krant, op een meter of vijftig van ons vandaan. Wij zitten al een half uur op twee banken met uitzicht op een vulkaanmond genaamd Kerið, voor Nederlandse kijkers 'de Vaas'. Dit is wat wij, vulcanici, een *caldera* noemen, een krater met een groot meer erin. Het water van het meer is bevroren, de steile roodbruine vulkanische randen eromheen zijn bezaaid met ijs en mos. In de krater vliegen een paar roofvogels. Verder is het gebied uitgestorven.

'Dit zou een goede locatie zijn voor een kinderfeestje

van Ziv, deze vulkaan,' zegt Ludo, die vorige maand Zivs verjaardag heeft gevierd en daar deze reis al een paar keer over is begonnen. 'Je kunt niet meer met koekhappen of ezeltje-prik aankomen, zoals bij ons vroeger, die feestjes tegenwoordig moeten zo extravagant mogelijk. Als je besluit er niet aan mee te doen, maak je een melaatse van je kind.'

'Dit lijkt een goede plek voor een feestje,' zegt Egon. 'Daar, bij die rand. Gaan jullie daar maar even naar beneden kijken, jongens. Daar waar dat ijs ligt. Heel goed. Stukje naar achter. Stukje naar achter.'

We zwijgen.

Govert geeft zijn pakje shag aan Zwitserse Frank en Ludo gooit steentjes op de helling.

Na een paar momenten stilte zegt Junior dat we eigenlijk aan de slag moeten met de voorbereiding van de nieuwe show. Dat is een van de redenen dat hij ons mee naar dit eiland heeft genomen.

'Laten we even van de rust genieten,' zegt Egon, voor wie de voorbereiding van een nieuwe show nooit het prettigste tijdverdrijf is. We kunnen voorbereiden wat we willen, bij de try-outs wordt toch alles weer omgegooid en veranderd.

Hij heeft gelijk, de rust op deze plek is echt onwezenlijk. De stilte ken ik van nergens anders.

Ludo schiet met zijn vinger almaar kleine steentjes in de richting van de krater, maar verder gebeurt er niets.

'Slakken neuken in hun slaap,' zegt Zwitserse Frank, na een minuut of wat. Egon knikt, Govert neemt een lange trek.

'Dat zijn goede dingen om te weten,' zeg ik, waarna we Franks bijdrage op ons laten inwerken. Egon zegt: 'Zouden slakken dan ook weten dat ze neuken in hun slaap? Of weten slakken sowieso niets? En als ze niets weten, wat is dan het verschil tussen slapen en leven voor slakken? Als ze dan toch liggen te krikken in hun slaap. Zo kan ik ook slapen.'

Junior pakt zijn boekje en begint iets op te schrijven.

'Over die hele kinderfeestjescultuur kan ik me trouwens erg opwinden,' gaat Ludo verder over het onderwerp dat hij zelf heeft aangesneden. 'Op de verjaardag van Ziv hadden we veertien jongetjes uitgenodigd, de helft van zijn klas. Het voelde als de complete onderbouw. Een wezenloze moeheid overvalt me nog als ik terugdenk aan dat feest.'

Hij schiet een steentje naar het meer.

'De jongetjes werden opgehaald met een door mij afgehuurde zeppelin, die ons naar een duikboot vloog, die ons vervolgens afzette bij een indoorskibaan, waarna we via een wildwaterkanotocht door twee amfibievoertuigen werden thuisgebracht, vergezeld door tien clowns en acht poppenspeelsters. Redelijk wat entertainment, dacht ik. Vraagt zo'n zevenjarig teringlijertje, vlak voordat hij wordt opgehaald door zijn oppas: "Krijgen we niet eens een zak snoep?"'

Ludo keilt een steen met een mooie boog naar het ijs.

'Krijgen we niet eens een zak snoep? Niet een zakje, maar een *zak*. En vooral de woorden *niet eens*, daar gaat zeven jaar mislukte opvoeding achter schuil. Voor jullie informatie: het is gebruikelijk bij kinderfeestjes dat het feestvarken de vertrekkende kinderen een oprotzakje met snoep geeft, meestal ook met een cadeautje erin, wat kleinigheidjes, een gouden horloge en een stapeltje bankbiljetten van duizend euro. Vraagt dat klotekind zuchtend: "Zit er geen Mars bij? Ik had me zó verheugd op een Mars."'

Zwitserse Frank schiet in de lach, Govert neemt een lange haal van zijn peuk.

'Ik zeg: "Wat ben jij voor een klein huftertje?" zeg ik tegen dat joch. "Hé, vuil klein tyfuslijertje, ik praat tegen je." Ik raak mezelf een beetje kwijt tegen dat kind. "Is het godverdomme allemaal niet genoeg voor je? Met die ver-ongelijkte hondekop van je." Zeg ik. Tegen dat jongetje. Van zeven.'

Hij grijpt een handvol keitjes.

'Nou goed, Ziv boos. Pam boos. Dat joch huilen. Pam nog bozer. Ziv huilen. Andere jongetjes huilen. Iedereen huilen. Ouders erbij. En het resultaat is dat Ziv vorige week geen uitnodiging heeft gehad voor het kinderfeestje van dat klotejoch.'

Egon legt een hand op mijn schouder.

'Dat je weet waar je aan begonnen... Bent,' zegt hij.

'Ik heb nog een verhaal over Ziv,' gaat Ludo verder. 'Ik gaf een paar weken geleden een interview aan *De Daklo-zenkrant*. Prompt zette de redactie een foto van mijn kop pontificaal op de cover. Vorige week ging Ziv samen met Pam boodschappen doen. Bij de ingang zagen ze de huis-dakloze van de supermarkt, met een exemplaar van *De Daklozenkrant* in zijn hand. Om hem heen was het druk met mensen die allemaal naar binnen wilden. Wijzend op de verkoper begon Ziv plotseling te roepen: "Hé, dat is pappa! Mamma, daar staat pappa! Mensen, dat is mijn vader!"'

Onze lach buldert door de krater.

'Pam kreeg een rooie kop en trok Ziv mee de winkel binnen.'

Nalachend kijken we alle zes naar een nieuwe glij-vlucht van de roofvogel in de krater. Junior maakt weer een notitie, steekt zijn boekje in zijn zak en zegt: 'Oké, Keukenhof. Neukende slakken. Kinderfeestje. Daklozen-krant. Verder?'

'O, ik begrijp dat we zitten te brainstormen?' zegt Egon. Junior klapt een paar keer in zijn handen.

'We moeten aan het werk,' zegt hij, terwijl de echo van zijn klappen terugkomt uit de krater. 'We zijn nog maar een week bezig en lopen nu al een maand achter.'

'Mag ik even iets zeggen buiten de brainstorm om?' zegt Egon, waarna hij mij herinnert aan de keer — hoelang is het geleden, jaren in ieder geval — dat hij en ik ook samen aan de rand van een vulkaan stonden. Dat was op het Canarische feesteiland La Palma, waar we een onverwachte vakantie vierden met de groep geestelijke amoeben met wie we ons toen omringden. Thijm was erbij, Gulpje, Benny, Lureen... lieden die ik eigenlijk uit het oog ben verloren. En Samarinde.

Egon zegt: 'Was dat niet de reis dat zij... dat jullie...' zegt Egon.

Daar toen

dat was inderdaad de reis dat zij dat wij. Dit is wat ik me ervan herinner. Er was een vulkaan, een grote ronde krater, met in plaats van een bevroren meer een grote groene weide met bomen en bloemen. Ons gezelschap levenslustige vakantiegangers ondernam de spannende wandeltocht langs de wanden van de krater, om te eindigen in de verborgen *locus amoenus* beneden in de vulkaan, een lieflijke plek in de schaduw. We waren bruin en blakend. Er was wijn, we hadden eten bij ons en Egon vermaakte het gezelschap met een voorloper van wat later ons eerste theaterprogramma zou worden. De zon wilde godzijdank maar niet ondergaan.

Soms hoor ik mezelf, net als velen, dingen denken als 'had iemand me toen verteld dat...' en dan komt er iets dat ik op dat moment bepaald ongeloofwaardig zou hebben gevonden. Had iemand me toen verteld dat uitgerekend Egon en ik later een cabaretgezelschap zouden vormen met zijn broer. Geloof je het zelf? Had iemand me verteld dat Thijm uit mijn leven zou verdwijnen. Onmogelijk. Had iemand me verteld dat het kindje in Samarindes buik nooit geboren zou worden, omdat Samarinde de vrucht een paar dagen na het lome samenzijn in die uitgedoofde vulkaanmond met kracht in een La Palmees toilet zou persen. Had iemand me verteld dat Samarinde en ik daarna nog veel pogingen zouden doen om weer zwanger te raken. Dat we uiteindelijk kinderloos uit elkaar zouden gaan en dat onze breuk — volgens de officiële, door het Nederlands Instituut voor Oorlogsdocumentatie onderschreven versie — niets te maken zou hebben met het uitblijven van kinderen. Had iemand me verteld dat ik een jaar na onze breuk, met een meisje dat ik nog geen jaar kende in de wachtkamer van een kinderziekenhuis uren achter elkaar zou wachten op de uitslag van de operatie van haar kind, ons kind.

Krater Kerið

Het zal godsamme het verstilde landschap zijn dat we over deze onderwerpen praten. Hoe ik op de operatie van Bent ben gekomen weet ik niet meer. Ik kan op dit punt wel toegeven dat dit geen thema is dat ik binnen onze produc-tie uitvoerig heb besproken en ook geen thema waarnaar uitvoerig is gevraagd. Misschien is dat een mannenkwestie of hoort het bij onze vriendschap. *Was het erg? Ja. Goed, dan hebben we het er niet meer over.* Natuurlijk heb ik het in algemene bewoordingen over Bent gehad, alleen heb ik nooit gedetailleerd verteld over wat er met hem in het ziekenhuis gebeurde en wat voor een emo... hoe heten die dingen, of gevoe... dit alles teweegbracht. Dat blijven zaken die je als mannen onder elkaar niet snel bespreekt — omdat het wel duidelijk is.

Ik vertel over de ouderkamer op de afdeling, waar Teas-ke en ik zes uur lang hebben gewacht op de uitslag van Bents operatie. De Groningse scan gaf een helder beeld: er waren duidelijk drie verdachte bolletjes.

'Raar begrip,' zeg ik. 'Verdacht waarvan? Winkeldief-stal? Onzedelijk gedrag? Fraude?'

'Verdacht van tumor,' zegt Egon met het accent van een rechercheur uit een televisieserie.

De uiteindelijke operatie duurde zes uur. Even tot

21.600 tellen en het was voorbij. Hoe langer Bents afwezigheid duurde, hoe heftiger de slechtnieuwsgesprekken in mijn hoofd. Het begon met een arts die de kamer binnenkwam om ons voor te bereiden op een 'minder goed bericht', en het eindigde met een verpleegkundige die een briefje onder de deur doorschoof met de boodschap: 'Jullie kunnen naar huis, hij is dood.'

Al die uren in eenzaamheid in een hokje op de afdeling. Af en toe kwam er een verpleegster binnen om te melden dat er niets te melden viel. Teaske probeerde te slapen en ik werkte mijn feitenboekje bij met machteloze uitweidingen. Ik schreef: 'We sterven duizend doden hier op deze kamer. Vreemde uitdrukking. Sterven is intransitief, net als slapen. En je kunt niet een slaap slapen of een dood sterven. Maar als je het werkwoord uitbreidt wordt het toch transitief. Teaske slaapt de slaap der rechtvaardigen. En we sterven duizend doden. Tweeduizend. Een miljoen. Het aantal doden dat we hier op deze wachtkamer sterven is oneindig.'

Bent was om half negen 's ochtends op OK gegaan. Tegen kwart over drie werd er geklopt op de deur van ons ouderhok. Teaske en ik keken elkaar aan. Het moment van de twijfel en de duivel.

De chirurg, de anesthesist en de endocrinologe kwamen zich melden, en je moet de sfeer in een ziekenhuis kennen om te weten dat dit voelde alsof de Heilige Drievuldigheid de kamer binnenkwam. God vertelde dat er een paar bolletjes waren weggehaald en dat volgens de patholoog-anatoom 'de kwaaddoener' daarbij zat. Gods Zoon zei dat Bent zich geweldig had gehouden en dat hij nu met wat morfine in zijn lijf lag uit te rusten. De Heilige Geest sprak van een technisch geslaagde operatie. Ze zei: 'En nu is het bidden en hopen.' Teaske en ik omarmden elkaar en traanden de tranen der opgeluchten.

Een kwartier later mochten we Bent zien. Hij lag op een afgesloten ruimte op de NICU, met een beademingstube in zijn keel en voorzien van nog meer draden en slangen dan gewoonlijk. Zuster Miriam stond bij hem.

'Hij is net even bij,' zei ze.

Bent lag met zijn ogen open naar het plafond te staren. Teaske boog zich over hem heen en even was het alsof hij reageerde op haar beweging.

'Het lijkt wel of hij huilt,' zei Teaske.

'Dat kan best,' zei Miriam, 'maar door de tube kan hij geen geluid maken. De tube gaat langs zijn stemband.'

We keken naar het knulletje.

'Ik geloof niet dat ik ooit iets machtelozers heb gezien dan een geluidloos huilend baby'tje aan een beademings-apparaat,' zeg ik. De rest van de groep knikt en zwijgt.

Ongemerkt is Ragnheidur Fjalardóttir achter ons komen staan.

'*Guys! Are you ready for the real stuff!*' roept ze uitge-laten, maar als ze mijn gezicht ziet vergeet ze haar rol van rauwdouwende vrouwtjesputter.

'*I'll come back later,*' zegt ze, zachter dan we haar tot nog toe iets hebben horen zeggen.

Djiezzus...

Als dit een roman was zou ik me laten sponsoren door het IJslands verkeersbureau. Over indrukwekkende plaatsen op aarde gesproken. We staan bij de Gullfoss, *The Golden Waterfall*, een waterval van een brede kolkende gletsjer-rivier die langs twee hoger gelegen plateaus in een diepe kloof stort. De zon veroorzaakt twee regenbogen boven de enorme witte wolk water die uit de gapende diepte opstuift. Het vocht dat aan de andere kant van de kloof is neergedaald is spectaculair mooi bevroren, het lichtblau-we ijs straalt.

In de verte staan een paar andere toeristen, boven bij

de parkeerplaats houdt Ragnheidur de wacht. We zijn langs een steil, glibberig pad afgedaald naar de rand van het onderste plateau. Hier bevinden we ons letterlijk op één meter afstand van de onstuimig jagende rivier. Er is geen afrastering, er staan geen waarschuwingsborden, er is alleen het geraas en het gedonder van het machtige water.

'Als ik op dit soort plekken sta...' begint Zwitserse Frank, maar het praten wordt hem door Egon direct onmogelijk gemaakt.

'Géén filosofie! Geen gezeik nu over de nietigheid van de mens!' roept hij.

'Je wórdt hier toch nederig van!' roept Frank terug.

Ludo schuifelt een paar stapjes in de richting van de scheiding tussen het water en de natte rots.

We kijken allen toe. Ludo is dertig centimeter verwijdert van een wis einde. Als hij één stap naar voren doet zal het water hem als een katapult meesleuren in de stroom. Een deel van de steen waarop we staan is glibberig van mos en ijzel.

'Ludo, doe je voorzichtig?' roept Govert, de oudste, de verstandigste, de rustigste. Als Govert vindt dat wij voorzichtig moeten doen, dan is er echt iets aan de hand.

Er schiet me een herinnering aan Ludo te binnen, ten tijde van onze tweede show, toen Ziv nog een baby was. Ludo had in een interview een onschuldig grapje gemaakt over 's lands Officieel Grootste Cabaretier. De man had woedend gereageerd. In columns was hij astmatisch tegen Ludo uitgevaren. En toen kwam de dag dat zowel Groep Smulders als de Oude Meester stonden geboekt voor een optreden in een tent op het popfestival Lowlands. Vooraf had Ons Grote Voorbeeld laten optekenen: 'Ik ben misschien wel oud, maar ik weet nog verdomd goed hoe ik een belager moet raken op zijn kaak.' Enfin, op de betreffende zondagmiddag verzamelden we ons achter onze festivaltent. Vanaf het terrein dreunden uit verschillende hoeken optredens van popbands. Samarinde, Lilianne en Pam waren meegekomen. Stralende Pam had Ziv bij zich, die in een draagdoek tegen haar borst lag. Het wachten op ons optreden duurde lang, na verloop van tijd gaf Pam haar kleine over aan Ludo, om met de andere spelersvrouwen naar het veld te verdwijnen.

Na een minuut of wat kwam de Oude Meester back stage, een paar uur te vroeg voor zijn show. Hij had een cameraploeg in zijn entourage.

'Hé, mijn jongere collega's!' kwam hij ons tegemoet.

We hadden hem nog nooit ontmoet en waren natuurlijk onder de indruk van de cabarethistorie die hij vertegenwoordigde.

'En jij bent toch Ludo?' zei hij, de naam Ludo uitsprekend alsof een arts op het punt stond zonder verdoving zijn amandelen te knippen.

Toen zag hij de kleine Ziv in Ludo's armen.

Zijn ogen glommen op.

'O, is dat je zoon?' riep hij met een krakende stem. 'Wat een prachtige vent!'

Hij strekte zijn armen uit.

'Mag ik?' zei hij, en zonder het antwoord af te wachten nam hij Ziv van Ludo over. Ludo was te verbouwereerd om te reageren. De oude meester, grootvader van een kleinkinderschaar, ondersteunde het hoofdje van Ziv liefdevol. Hij wiegde Ziv vrolijk, brabbelde en trok gekke bekken naar het jong.

Maar opeens verstrakte hij.

Met een emotieloos gezicht keek hij naar Ludo op en afgemeten zei hij: 'Zullen we het eens even hebben over wat jij allemaal over mij beweert?'

Een paar seconden was het stil.

Egon keek naar Ludo en ik keek naar Egon en Ziv keek naar de bejaarde man die hem vasthield. Toen ontspande het gezicht van onze oude collega, langzaam verscheen er een glimlach om zijn mondhoeken, die steeds uitbundiger werd.

Dat moment, die angst. We bevinden ons op een glibberig plateau van twee bij drie meter, terwijl het water met vernietigend geweld langs ons in een afgrond stort. Als we niet oppassen zal de rivier ons verzwelgen.

De vijf anderen staan in een groep bij elkaar. Frank houdt Egon vast die Ludo vasthoudt die met de punt van zijn schoen het water probeert te raken. Egon doet of hij zijn broer laat schieten. Vanaf een andere punt van het plateau kijk ik toe. Ik zie mijn collega's, de rotsige klippen, de verblindende hemel, de regenbogen, het ijs aan de overkant, het scala van blauwtinten in het intens heldere water. Ultramarijn in het diepste van de stroom, kobalt waar het water langs de rots schiet en doorschijnend cyaan onder de woest schuimende koppen.

I think I hit an emotional bottom, zal ik er misschien later over zeggen. We staan hier op een levensgevaarlijke plek, de vergetelheid slechts een glibberige voetstap van ons vandaan. Ik roep naar de jongens dat ik wat wil zeggen, maar ze reageren niet.

'Jongens!' schreeuw ik nogmaals en als ik eindelijk hun aandacht heb roep ik wat ik te roepen heb. Ik bedoel: wat kunnen ze doen, behalve me in het water duwen?

De uren na de operatie van Bent
Bent lag na zijn operatie in zijn hokje op de IC voortdurend te grimassen. Niet alleen huilde hij geluidloos, hij leek ook vaak oprecht te glimlachen. Zijn waarden leken het prima te houden, en met die opgewekte wetenschap werden we door Zuster Miriam naar huis gestuurd. De volgende ochtend kwam ik alleen aan in het ziekenhuis, Teaske zou later pas komen. Tot mijn ontzetting was Bents nieuwe hokje leeg. Bent was weer op OK, omdat zijn belangrijkste levenslijn — een zogenaamde *hickman* — het had begeven.

Wachtend op Bent bladerde ik opgefokt in Bents status-map. Een verpleegster vertelde dat Bent die nacht 'een moeilijk moment' had gehad. Door de falende hickman waren zijn medicijnen niet aangekomen, zijn waarden waren problematisch geweest, en o ja, zijn morfine had hij waarschijnlijk ook niet gekregen.

'Hij zal wel wat pijn hebben gehad,' zei ze, waarop ik mij een luid 'godverdomme' over de afdeling liet ontval-len. De zuster en een paar ouders keken geschrokken op.

Ik had ze eerder gezien, de machteloze vaders en moe-ders die in hun woede alleen nog maar konden vloeken en schelden op de verpleging. Een week daarvoor werd een Turkse man door de beveiliging van de afdeling verwijderd omdat hij dreigementen had geuit tegen een schaap van een zuster. Ik begreep die man heel goed, ben erbij gaan staan om sussend met hem te praten, waarna ik een kop koffie voor hem heb gehaald en hem, nadat hij door de bewakers was weggestuurd, meetroonde naar de wacht-ruimte, waar hij in huilen uitbarstte zonder zijn handen voor zijn gezicht te houden (in die cultuur schamen man-nen zich niet voor hun emo... gevoe...).

'We waren er wel snel bij en we weten natuurlijk niet zeker of hij pijn heeft gehad,' zei de zuster.

'Nou, als zijn belangrijkste lijn het niet deed en zijn waarden waren slecht, dan kwam ook die morfine niet aan... en dus had hij pijn,' snauwde ik, hoewel de vrouw er natuurlijk ook niets aan kon doen.

Ze knikte heel inlevend, ik filterde haar cursussen 'Rol-lenspel' en 'Omgaan met Agressiviteit' er zo uit.

'Ik begrijp heel goed dat u dat zo voelt,' zei ze. 'Dat zou ik in uw situatie ook zo vinden.'

In de hal googlede ik op een van de voor publiek toe-gankelijke computers het medicijn dat de artsen Bent die nacht hadden willen geven. Onmacht in praktijk. Woe-dend noteerde ik in mijn feitenrelaas de molecuulformule van het middel. Ik zie het mezelf overschrijven, misschien dat jij er nog wat aan hebt: $C_{153}H_{225}N_{43}O_{49}S$.

Ik stuurde een verontwaardigde sms aan Teaske, waarop zij stante pede naar het ziekenhuis reed. Ze arriveerde voordat Bent terug was van zijn ingreep. Bij haar ook de machteloosheid, het woord van de dag. Toen de zuster buiten gehoorsafstand stond zei ze: 'Heb jij niet nog een adresje voor morfine? Of een handige Joegoslaaf die even orde op zaken stelt?'

Bent kwam terug van OK met een nieuwe levenslijn genaamd *subclavia*, wat mij meer deed denken aan een klein knaagdier of de heks uit een sprookje. Hij kreeg een zogenaamde 'kunstneus' om hem te helpen zelf te ademen, en later een zogenaamde snor waaruit zuurstof kwam. Ik hou ervan om mij onbekende woorden te leren, maar sommige had ik graag aan me voorbij laten gaan. Bent kreeg last van een stridor, een rocheltje tijdens het inademen als gevolg van een vernauwing in zijn luchtpijp.

Met zijn waarden ging het in de loop van de dag helemaal mis. Na zijn operatie had het er goed uitgezien, maar aan het eind van de middag kwam de endocrinologe melden dat voor haar Bents operatie was mislukt. Misschien was er een stuk van de tumor blijven zitten.

'We doen steeds een paar stappen naar voren, en dan een paar meter naar achter,' zei ze, een zin die ik in mijn boekje parafraseerde als: 'We roeien een paar meter vooruit en gaan met de Estonia weer terug.'

Tegen de avond werd Bent eindelijk wat minder benauwd, waardoor ook de spanning in mijn schouders verdween. Teaske kwam erachter dat een verpleegkundige 's nachts Bents nageltjes had geknipt. Tranen schoten in haar ogen.

'Dat had ik natuurlijk moeten doen,' zei ze.

Geysir, een half uur later

Er is een geschreven document uit 1294 waarin het bij wet is vastgelegd dat iedereen die IJsland aandoet verplicht een bezoek moet brengen aan de Geysir. Geiser komt van het IJslandse woord *gjosa*: spuiten. De beroemdste geiser was tot voor kort de Stóri-Geysir, de zogenaamde 'Grote Spuiter'. Maar de Stóri is heden ten dage zo impotent als wat, omdat lepe IJslanders groene zeep in zijn spuitgat hebben gedaan. Dit deden zij ten behoeve van toeristen, om de Stóri steeds hoger en vaker te laten spuiten — waarmee ze onbedoeld zijn spuithuishouding onherstelbaar hebben vernield (het leest als een parabel, deze geschiedenis). Er is in het Geysirgebied wel een kleinere spuiter, de Strokkur, die om de zeven minuten een enorme cyaanblauwe straal water dertig meter hoog erupteert.

Tot zover de reisinformatie, waar we op dit moment bepaald niet in zijn geïnteresseerd, vanwege de bom die ik plaatste. Mijn volte-face heeft ons verdeeld: ik vind dat ik uit Groep Smulders kan stappen, de rest vindt van niet. Er wordt gevloekt. Egon snapt het niet. Junior wil er niets van weten.

'Leg het dan eens uit!' roept Ludo, een keer of vijf.

'Heeft het met ons of met jou te maken?' wil Egon weten.

Dit speelt zich af...

in de weken nadat Bent was ontslagen uit het ziekenhuis. De show moest doorgaan, schoorvoetend was ik weer aan het werk gegaan. We speelden vijf avonden achter elkaar in Apeldoorn.

Iedere cabaretier zal vertellen dat hij op het moment van opkomst merkt hoe een zaal is. Hoe dat komt weet niemand. Er zijn theatermakers die beweren dat ze een dinsdagpubliek kunnen onderscheiden van een vrijdagpubliek, maar in werkelijkheid valt er geen peil op te trekken. Een zaal bestaat uit zevenhonderdvijftig willekeurig bij elkaar geraapte mensen en toch gedraagt ieder publiek zich totaal anders. Sommige zalen willen worden opgehemeld, andere verdienen straf, sommige zijn onderdanig, andere brutaal en bijdehand, sommige spelen *hard to get*, andere spreiden zich voor je open als een onverzadigbare chocoladehoer.

De vijfde avond in Apeldoorn hadden we een dankbaar publiek. Dat begon met het openingsapplaus. Egon en Ludo zijn beiden openingsapplausfluisteraars: zij beweren dat ze aan de ovatie waarmee men ons begroet kunnen horen wat 'de topografie van een zaal' is, oftewel waar de graaglachers zitten, waar de aandachtsgebieden, welke delen we op voorhand hebben veroverd en welke moeten worden bevochten.

Het was pure genegenheid zoals we door de zaal werden binnengehaald. Anderhalf jaar had het publiek op ons moeten wachten: hongerig vielen ze aan om ons dood te knuffelen. Wij speelden goed, maar niet goed genoeg.

Een half uur voor de finale gebeurde er iets vreemds in de zaal. Tijdens een sketch tussen Egon en mij hoorden we misbaar. Iemand leek te huilen of te lachen, terwijl onze act daar op dat moment geen aanleiding voor gaf. Ik vermoedde dat iemand met zijn oppas aan het bellen was, maar Egon had door dat het ging om 'een moment dat het erop aankomt'. Hij deed wat we nog nooit hadden gedaan: de handeling stilleggen.

'Wat gebeurt daar?' vroeg hij. Zonder de reactie af te wachten riep hij: 'Govert! Zaallicht!'

De verlichting schoot aan.

Rechts in de schouwburg, op de twaalfde rij hing een man over zijn vrouw.

'Mijn echtgenote is niet goed!' riep de man naar Egon.

De paniek in zijn stem veroorzaakte een schok in de zaal. Meteen een vreemde opwinding. Ik keek naar de onwelle vrouw, die grauwbleek en levenloos op haar stoel lag. Dit was in de categorie hartaanval/hersenbloeding. Egon werd overvallen door een nuchterheid die hij alleen op het podium tentoonspreidt. Direct nam hij leiding.

'Iedereen weer zitten,' gebood hij, want zeker een kwart van de zaal was gaan staan om te kijken wat er aan de hand was. 'Is er een dokter aanwezig? Nu daar naartoe! Artsen in die richting!'

Hij gebaarde waar de vrouw zat die hulp nodig had. Op verschillende plekken in de zaal stonden mensen op. Vervolgens wees Egon een meneer aan op de eerste rij.

'U!' zei hij. 'Uw mobiele telefoon aanzetten en 112 bellen. Reanimatie in de schouwburg.'

Tegen de zaal: 'Niet allemaal tegelijk bellen, díe meneer belt.'

De man deed wat Egon hem opdroeg.

Gedecideerd ging Egon verder. Wijzend naar de rij van de zieke vrouw dirigeerde hij: 'Mensen eromheen: ruimte maken. Niet wachten, maak de rij vrij.'

Wederom volgde iedereen op wat hij zei.

En toen liet Egon zien dat hij theaterinstinct en mensenkennis heeft.

'Kijkt u eens allemaal naar mij,' zei hij tegen de zaal, plotseling veel vriendelijker van toon. Hij klapte in zijn handen. 'U hoeft niet te volgen wat er daar gebeurt. Daar hebben we niets mee te maken.'

Rustig wandelde hij naar de linkerkant van de zaal, weg van de vrouw die inmiddels door drie artsen werd behandeld.

'U kijkt allemaal naar mij,' zei hij luchtig, bijna hypnotiserend. 'Dit hoort niet bij de show, dat zult u begrijpen. Ook jij, Giph. Iedereen kijkt naar mij. We zijn geen ramptoeristen. We gunnen die mevrouw haar privacy.'

'Ambulance komt eraan,' riep de man op de eerste rij.

'Mooi,' zei Egon, 'dan zit ons werk erop. We wachten tot

we doorkunnen met de show en ondertussen babbelen we even wat. We vergeten die hoek. U kijkt naar mij.'

Door te gaan zitten op de rand van het podium werd het onverwachts intiem. Opvallend was dat iedereen naar hem keek. Egon deed nog iets dat we in onze voorstellingen vrijwel nooit deden: hij vertelde persoonlijke dingen over ons, over onze vriendschap, over Bent. Ludo kwam erbij zitten en ook ik schoof aan. Daar zaten we, met z'n drieën, het publiek binnen handbereik. Niet gehinderd door de drang om grappen te maken praatten we met bezoekers over onschuldige dingen, de levens van anderen, tumoren bij kinderen. Ondertussen – maar dit ontging velen – namen ambulancebroeders de patiënte over van de behandelende artsen.

Toen de vrouw even later was afgevoerd gingen de zaallichten weer uit. We hervatten de voorstelling. Het half uur dat ons nog restte was het minste van het hele seizoen. Misschien speelden we goed, maar de zaal was het lachen vergaan. De finale verliep zelfs desastreus, wat niet deerde: het slotapplaus was van een bijna orgastische dankbaarheid. Het vreemde was dat dit mij in het geheel niet raakte. Het was een applaus dat bijna alle andere applauzen die we ooit hadden gehad in intensiteit overtrof, en toch liet het me koud.

We kregen bloemen van de dienstdoende directeur. Tijdens het applaus fluisterde hij in Egons oor dat de vrouw inmiddels uit voorzorg naar de intensive care was gebracht, maar dat het er goed uitzag. Egon maande de zaal om stilte, zodat hij door kon geven wat hij zojuist had gehoord. Er volgde een nog intenser lawaai, de zaal was ontslagen van schuldgevoel.

'Jongens, ik snap eigenlijk alle ophef niet zo goed,' zei Egon, toen het volume van het applaus afnam. 'Er viel een meisje flauw, alsof we dat vroeger niet veel vaker hebben meegemaakt.'

De bevrijdende bulder die hierop volgde was de hardste lach van de avond — en ook dat deed me niets.

IJsland
In een half uur maakt het gezelschap vier van de vijf stadia van rouwverwerking door: ontkenning, woede, onderhandeling en depressie.

Junior roept een stuk of acht keer dat ik er niet zomaar mee kan stoppen. Egon vindt me lichtzinnig, omdat we aan de vooravond van een nieuwe show staan, Ludo vraagt zich af wat zij kunnen doen om het mij weer naar de zin te maken en Zwitserse Frank mompelt louter 'dit is het einde, dit is het einde'. Alleen Govert ondergaat mijn mededeling emotieloos, met een Zware Van Nelle in zijn mondhoek.

En Ragnheidur begint zich ook zienderogen steeds meer te verbazen over de dramaprinsessen die ze op sleeptouw heeft. Aangekomen bij de Geysir loopt ze met ons mee naar het hoofdterrein met de spuiters en de hete bronnen. Ik probeer nogmaals uit de leggen dat Groep Smulders de gebroeders Smulders zijn en dat ik als aangever heus kan worden gemist.

Ludo en Egon kunnen niet zonder de geur van het theater. Op de vraag waarom ze cabaretiers zijn geworden zei Egon ooit: 'Omdat we in een toilet zijn geboren.' Een wezenloos Egon-antwoord, maar het typeert hun drijfveer. Ze hebben zich los gevochten uit de donkere stinkende pot waar ze vandaan komen.

We komen aan bij de Strokkur, die alleen een beetje borrelt in zijn opening.

'Nou spuiten, godverdomme,' roept Junior, 'waar betalen we je anders voor?'

'*I think we'll have to wait a few minutes,*' zegt Ragnheidur.

'Maar zie je ons met z'n tweeën op een podium?' zegt

Ludo. 'Jij moet erbij, anders vechten we elkaar de tent uit. Je weet toch hoe we zijn?'

'Ik ben toch geen babysitter?' zeg ik, terwijl ik ingespannen kijk naar een veld kokende modder, op een paar meter afstand van de Kleine Spuiter. Junior kijkt naar dezelfde plek.

'En stel dat we je niet op andere gedachten kunnen brengen,' zegt hij, met een intonatie die doet vermoeden dat hij bij rouwverwerkingsfase nummer 5 is beland (acceptatie). 'Hoe zie je dat dan voor je?'

Egon en Ludo komen bij ons staan.

'Heel simpel: jullie maken de nieuwe show, ik schrijf daar ook teksten voor, jij brengt een persbericht uit dat ik bij dit programma achter de schermen werk, en er is verder niets aan de hand.'

'En zakelijk dan?' zegt Junior.

Zakelijk. In al die jaren hebben we enorme aanvaringen gehad, maar nooit zakelijke.

'Daar komen we wel uit,' zeg ik. 'We gaan naar een notaris, ik neem mijn gedeelte van het gespaarde geld en trek me terug uit het bedrijf. Ik ga weg, Groep Smulders blijft van jullie.'

'Gaat dat ding nou godsamme nog een keer kwakken?' roept Junior naar de geiser. En tegen mij: 'Jouw deel van het gespaarde geld?'

'Ja,' zeg ik. 'Twee jaar geleden riep je nog dat het genoeg was om vijf jaar niet te hoeven werken. Ik heb zin om in rust weer een boek te schrijven.'

Dan begint de massieve rotsformatie waar we op staan heel zacht te trillen, alsof er een trein verticaal omhoog komt. Ragnheidur kijkt verheugd op. Het water in het spuitgat van de geiser begint nog heftiger te koken, bolt op, zakt weer in, bolt op, zakt weer in, bolt op...

Junior wil nog wat zeggen, maar houdt zich in omdat de Strokkur met overmacht ejaculeert, eindelijk.

Vandaag lunchen we op de puinhopen van de vulkanische activiteit van gisteren. Ragnheidur heeft in het selfservicerestaurant van het Geysir Center (een houten gebouw vlak achter de spuiters) een maaltijd voor ons besproken. Ik zit als enige aan de lange tafel, omdat de rest souvenirs inslaat. Om me heen een paar toeristen en veel knappe IJslandse meisjes van de bediening. Gasten komen aanlopen met volgestouwde dienbladen. De ruimte doet me denken aan de kantine van het ziekenhuis, waar ook aan lange tafels werd gegeten. De rituelen van een selfservicekeuken. Iedere dag de speciale happen en de wezenloze frituursels. Iedere dag de verkneukeling van de medewerkers over wat de pot nu weer mag schaffen, tegenover de gelatenheid van de bezoekers. Het was vermoedelijk uit kostenbesparing dat medisch personeel en familie van patiënten door elkaar moesten eten. Voor de laatste groep was dit het meest frustrerend.

Op het eind van een middag hadden Teaske en ik in een spreekkamer bij de afdeling een gesprek over Bents medische toestand. Zo'n spreekkamer vervulde mij met mededogen. Een sterielere en onpersoonlijker ruimte valt niet voor te stellen, terwijl de meeste gesprekken die er worden gevoerd met ouders juist niet persoonlijker kunnen zijn. Uw kind gaat dood. Uw kind heeft nog een jaar. Uw kind blijft leven.

Onze artsen en verpleegkundigen waren tijdens dat gesprek vol van, wat ik later noemde, afstandelijke warmte. Ze waren betrokken, maar hielden strak het overzicht op de situatie. We bespraken het 'schoorsteentje' dat Bent had gekregen (een rectale canule, wat dat ook mocht zijn) en een specialist vertelde dat er rekening mee werd gehouden dat de scan uit Groningen een *drogscan* was en een vertekend beeld gaf. Er was een tweede operatie nodig om te kijken hoe het verder moest.

Gedeprimeerd kwamen Teaske en ik na dit gesprek in

de kantine, om lusteloos een keuze te maken uit de dag-hap, de wekelijkse poemafoetusburger of de gefrituurde voorhuidnuggets. Zwijgend zaten we tegenover elkaar aan een formica tafeltje, ieder met een dienblad voor ons. Toen werd de grote tafel verderop bezet door een groep verpleeg-kundigen en artsen, onder wie de meeste van de lieden met wie we een half uur daarvoor ons slechtnieuwsmaarwe-houdendemoederin-gesprek hadden gevoerd. Je kunt niet verlangen dat medici zich de toestand van hun patiënten persoonlijk aantrekken en ik neem het gezelschap echt niets kwalijk — dat ze voortdurend hard moesten lachen, dat ze het hoogste woord voerden, dat er voor de hele kan-tine hoorbaar moppen werden verteld en geile anekdotes, dat er door verpleegkundigen op tafel werd gedanst, aan kroonluchters werd gehangen en dat er stante pede een miss-wet-T-shirtcompetitie werd georganiseerd en een hossende polonaise ingezet — maar toch waren we pijnlijk geraakt door hun, wat ik later noemde, uitbundige onver-schilligheid. Die mij overigens deed denken aan die van Egon, Ludo en Junior.

Aan de voet van de Langjökull

Ragnheidur Fjalardóttir heeft ons meegenomen naar het hart van het sprookjeseiland: de gletsjer Langjökull, mid-delpunt van het barre IJslandse landschap. Een omgeving zoals ik die niet had kunnen verzinnen. Het zicht in deze leegte is blauwig wit aan de onderkant en blauwig grijs aan de bovenkant, met de horizon ertussen. In de verte zien we bergtoppen en verder is de wereld sneeuw gewor-den. De auto heeft Ragnheidur geparkeerd bij twee meta-len barakken. Voor de loods staan sneeuwscooters in het gelid. Er wacht een groep andere toeristen op onze komst. Ze zien eruit alsof ze op ontdekkingsreis gaan.

Wat we op het punt staan te gaan doen is *a great way to combine an adrenalin-filled activity with an awe-inspi-*

ring scenery. Ragnheidur nodigt ons uit in de loods, waar mutsen, laarzen, handschoenen, warmhoudende motor-pakken en helmen klaarliggen. We moeten de pakken over onze eigen kleren aantrekken, zo koud gaat het straks blijkbaar worden. Mijn inschatting is dat deze kleren één keer per seizoen worden gewassen. En het seizoen is bijna voorbij. De zure nattehondenlijkengeur die opstijgt uit de motorpakken en helmen zullen we bij terugkomst in Nederland zeker aankaarten bij de Vakantieman. Ragnhei-dur haalt haar schouders erover op, de keuze is: sterven van de stank of sterven van de kou. Ik mis het gen om me te verkneukelen bij het idee dat we weldra op skibrom-mers over de sneeuwvelden zullen crossen. Maar ik ben de enige van het gezelschap. Alle toeristen stellen zich opgewonden op bij een snowmobile in afwachting van instructies. Ragnheidur en twee andere begeleiders zul-len de groep meenemen voor een tocht over de gletsjer. Het is belangrijk dat we in formatie blijven rijden, roept ze, en dat we niet harder skiën dan 70 kilometer per uur. Een laatste tip: mochten we omslaan dan moeten we onze benen om de motor klemmen, zodat we niet worden ver-pletterd door het 400 kilo wegende gevaarte.

Er blijkt één sneeuwscooter te weinig te zijn, wat mij even het verheugde gevoel geeft dat ik in de auto rustig kan gaan zitten lezen en Teaske een sms'je kan sturen, maar Ragnheidur gebaart dat ik bij iemand achterop moet. Junior roept dat ik bij hem mag zitten. Zuchtend neem ik achter hem plaats, en zo vertrekken we richting het hart van de weerbarstige sneeuwwoestijn. Een gebied voor hel-den. Of, als dit een saga was, voor Helden.

Op IJsland noemen ze het *Íslendingasögur*: saga's. Mid-deleeuwse epische verhalen over dappere Noormannen, felle gevechten, bloeddorstige tegenstrevers, mythische figuren, familievetes en erekwesties die tot in de twintigste generatie werden uitgevochten. De hedendaagse bevolking is trots op deze geschiedenissen en omdat hun taal in al die eeuwen nauwelijks is veranderd zijn de saga's voor hen moeiteloos te lezen. Om je een beetje een idee te geven: als Ludo, Egon, Teaske en Bent karakters uit een saga zouden zijn, dan zou dit ongeveer ons verhaal zijn.

De Saga van Het Einde Van De Goddelijke Bulder
De Hoge, de Even-Hoge en de Derde hielden het land jarenlang gevangen tussen de Kaken van de Lach. Toen werd de Derde, ook genoemd de Man van de Windloze Zeilboot, verliefd op De Vrouw Met Het Universum In Haar Buik, dóttir van het Sekreet van het Noorden. Zij baarde hem een Zoon, een jongen die lafhartig werd overvallen door de Dieven van de Duistere Slaap. Gelukkig werd hij gesteund door de onvoorwaardelijke liefde van zijn moeder, een liefde die sterker was dan een span met duizend paarden. Hij, de jongen, begon aan een uitputtende wandeling langs het Pad met de Twee Torens genaamd Noodlot en Wilskracht.
Later, veel later, vertrok zijn Vader naar het Eiland van het Spuitende Vuur. Hij en zijn Kompanen zochten op hun IJzeren Sneeuwpaarden naar de Landen van Weleer, maar die bleken onvindbaar, althans voor de Derde. Het was voor hem tijd om vaarwel te zeggen tegen de lokroep van de Klappende Handen en definitief te kiezen voor Bent Teaskessonar de Drakendoder. En zo geschiedde, tot grote tevredenheid van de Voorzienigheid en het Onvermijdelijke.

Op Langjökull...
rijden we aanvankelijk in een strikte optocht over het glooiende witte landschap. Junior roept dat hij moeite heeft om in het spoor van degene voor hem te blijven. Door

onzichtbare hobbels onder de sneeuw wijken de scooters vaak af van het pad. Na verloop van tijd wordt de formatie losser. Ragnheidur en haar collega's stuiven regelmatig voorbij, waarbij ze hun motoren berijden als cowboys. De uitslovers van de groep voelen zich hierdoor uitgedaagd om ook te gaan stunten. Egon en Ludo trekken een sprint en Zwitserse Frank probeert in ongerepte sneeuw met zijn voertuig een 8 te draaien.

Na een uur stoppen we in een vallei aan de voet van de eigenlijke gletsjer, een massieve vaalgrijze ijsrots. Ragnheidur bietst maar weer eens een Zware Van Nelle van Govert en zegt dat we op de terugreis wel met een beetje meer pit mogen rijden. Die tocht verloopt dan ook veel minder ordentelijk. Niemand rijdt meer in het spoor, we stuiven door elkaar heen over de sneeuw. Iedereen gaat harder dan 70 kilometer.

Ik hou niet van waaghalzen, behalve als ik zelf waaghals. Als een ander mijn leven op het spel zet sta ik daar niet met mijn vlaggetje, met mijn hoedje en met mijn toeter bij te juichen. Junior hield zich na het vertrek rustig, maar na de stop bij de gletsjervoet knijpt hij de gashendel diep in. We stuiven van de groep weg, richting een bolle heuvel. Junior geeft nog meer gas, de snowmobile dendert en beukt over de sneeuwmassa. Ik doe de klep van mijn helm open en schreeuw: 'Waar ga je heen?'

'Ik maak even een rondje om die heuvel,' roept Junior.

Hij passeert de heuvel links en maakt een grote bocht, maar de bult is anders van vorm dan hij vermoedde. We worden gedwongen opnieuw een flauwe bocht naar links te maken, en als we die hebben genomen zijn we de groep kwijt.

Junior gaat langzamer rijden.

'Ik denk dat als we die inham daar pakken, dat we ze zo weer afsnijden,' schreeuwt hij. Hij wacht mijn reactie niet af en geeft een peut gas. Twee minuten later zijn we de groep kwijt en weten we ook niet meer van welke kant we komen. Er lopen meerdere skisporen door elkaar. Detail: en het begint heel langzaam te schemeren.

'Ik keer om!' roept Junior, die een grote bocht maakt en de richting zoekt vanwaaruit we kwamen. Hij brengt onze scooter op volle snelheid, maar eerlijk gezegd denk ik dat hij in het verkeerde spoor zit.

'Je pakt het verkeerde spoor!' roep ik. 'Je zit VERKEERD!'

'Wat?' roept hij terug. Ons voertuig schokt en botst...

...en slaat om.

Of nou ja, dat klinkt wat al te dramatisch... de scooter stort met geweld op zijn zij. De buiteling is zacht en doet geen pijn, al ligt er wel een gevaarte van vierhonderd kilo over ons heen.

Omdat de motor is afgeslagen daalt er plotseling een wezenloze stilte over het gebied. Ik hoor alleen het geluid van krakende sneeuw. En een vloekende Junior.

'Alles goed?' vraagt hij.

'Och man, het gaat zo goed. Met jou?'

'Niks gebroken,' zegt hij, 'tenminste, dat neem ik maar aan.'

We proberen de scooter van ons af te duwen, maar de ondergrond van sneeuw geeft te weinig tegendruk.

Daar liggen we dan. In het midden van IJsland, weg van onze groep, verdwaald, gevallen, bedolven, terwijl het begint te schemeren, en onze stinkende pakken toch niet zo heel erg bestand blijken tegen de kou.

Om meteen een eind te maken aan de bloedstollende suspense: wat we op dat moment niet weten is dat we met Juniors manoeuvre inderdaad een fors stuk hebben afgesneden, en dat we binnen tien minuten door Ragnheidur Fjalardóttir en de anderen zullen worden ontzet uit onze hachelijke situatie. Maar dat weten we op dat moment dus niet.

'Kun jij je eronder vandaan wurmen?' vraagt Junior, bepaald niet de Daddy Cool die hij normaal voorwendt te zijn. Is dat angst in zijn stem? Dat is angst in zijn stem.

'Nee, ik zit helemaal vast. Jij?'

'Ik kan geen kant op.'

'HELP! HELP!' roept Junior, door de geopende klep van zijn helm. Zijn schreeuw wordt geabsorbeerd door de sneeuwmassa van deze awe-inspiring scenery. Ik schiet in de lach.

'Nee, dat zullen ze horen, met hun motoren aan en hun helmen op.'

'Kun jij bij je mobiele telefoon?'

'Iets zegt me dat er hier geen bereik is.'

Samen doen we vervolgens een tweede poging de motor van ons af te duwen, maar hiermee drukken we onszelf alleen maar nog dieper in de sneeuw.

'Waar zit jouw donorcodicil?' vraag ik.

'Ik neem aan dat ze ons zo wel komen zoeken,' zegt Junior, met niet heel veel overtuiging in zijn stem. Hij komt erachter dat hij met zijn vrije hand bij zijn sigaretten kan. Omstandig weet hij er twee aan te steken, waarna hij me er eentje doorgeeft.

'Ons laatste sigaretje,' zeg ik, maar Junior lacht niet.

Even roken we zwijgend.

'Wil je echt stoppen met Groep Smulders?' vraagt hij plotseling. Een terechte vraag. Wij liggen hier in het pikkedonker dood te vriezen. Morgen, of volgende week, of over vijfhonderd jaar, zullen reddingswerkers of archeologen onze versteende lichamen moeten losbeitelen van de skyscooter. Twee exemplaren van het huldufólk. Dit is ons laatste gesprek. We kunnen maar beter eerlijk zijn.

'Ja,' zeg ik. 'Zo'n drama is dat toch niet? Ten eerste wil ik er zijn voor Bent. En voor Teaske. En daarnaast word ik heel depressief van het idee om de rest van mijn leven alleen nog maar grappig uit de hoek te moeten komen.'

'Het probleem is,' zegt Junior, waarna hij zwijgt. Hij denkt na.

'Ik snap heel goed dat je wilt stoppen,' gaat hij verder, berustend, bijna beschaamd. 'Maar je kunt niet stoppen.'

'Waarom niet?' zeg ik, licht geïrriteerd. 'Van wie niet?'

Junior zucht. Hij wil iets niet zeggen, dat hij toch gaat zeggen, omdat we hier liggen te creperen en hij zonder geheimen afscheid wil nemen.

'De nieuwe show is heel goed verkocht en daar gaan we ook goed mee verdienen,' zegt hij. 'En dat zullen we nodig hebben.'

Hij neemt een laatste trek van zijn sigaret.

'Want...'

'Want het spaargeld is op.'

'Wat?'

'Het spaargeld is op. We hebben een verkeerde belegging gedaan. Het geld ergens gestald waar we dat niet hadden moeten doen. Net als veel anderen overigens. We hebben twee miljoen euro verloren.'

'Twee miljoen?!' roep ik. 'Hadden we twee miljoen euro? Maar nu niet meer dus.'

'Ja. Maar nu niet meer dus. En jouw deel van "niks" kan jij ook niet meenemen als je uit Groep Smulders stapt.'

Djiezus...

'Maar waarom heb je ons dat niet verteld? Dit is toch niet iets om voor ons geheim te houden?'

Junior gnuift onder zijn helm.

'We praten toch nooit over geld? Niet als het goed gaat en waarom dan wel als het slecht gaat? De nieuwe show is al uitverkocht en dus komt het geld wel weer binnen. Als jij er niet uit wilde stappen had je het nooit geweten. Plankenkoorts Producties is een groot bedrijf. En bedrijven verliezen weleens geld. Stront gebeurt.'

'Jezus,' zeg ik. 'En waar heb je die twee miljoen dan belegd?'

'Moet je dat vragen?' zegt Junior, terwijl in de verte de sneeuwscooters van de anderen al te horen zijn. 'Je ligt erop, met je dikke reet.'

WIJVENGEZEIK

Dit wordt mijn laatste brief, vanavond vliegen we terug naar Schiphol. Ik sta in de haven van Reykjavik bij de pier van het Whale Watching Centre te kijken naar een afdrijvende boot. De rest van het gezelschap hoopt op de Atlantische Oceaan dolfijnen en walvissen te spotten. Waar ik bang voor was is inderdaad gebeurd. Ludo heeft net geroepen: *'Navigare necesse est, vivere non est.'*

Ik ga niet mee, want ik heb voorlopig genoeg excursies gehad en er waren vanmorgenvroeg aanhalingstekens openen bepaalde ontwikkelingen aanhalingstekens sluiten waar ik zo dadelijk op zal terugkomen. Ragnheidur Fjalardóttir had gisteravond gezegd dat we alle kleren moesten dragen die we in onze koffers konden vinden, zo koud zou het worden. Alleen met een shawl om sta ik de groep nu al verkleumde michelinmannetjes uit te zwaaien.

Uitkijkend op de haven bel ik Teaske voor de dagelijkse waterstanden, maar ze neemt niet op. Ik stuur haar een sms. 'Hej, hoe is het nu? De rest is op walvisexcursie, maar ik ga niet mee. Vertel ik nog. Kus! KUS! Xxx x XXX X X xxxx x xxxx x.'

Flaubert (wie? WIE?) zei ooit dat hij een roman in een flits voor zich zag. Hij zat in een badhuis of rookte met een vriend een sigaar in een bordeel, en plotseling schoot hem een verhaal te binnen. *Flitzzz!* Het was nog niet geschreven, maar hij zag het voor zich alsof het er altijd was geweest. Ik weet dat veel schrijvers dit soort schichten hebben. Bij mij knettert het vaak in mijn hoofd onder de douche of op de fiets. Het verrukte gevoel van plotseling iets te zien dat er nog niet is. Meestal is de bliksem kortstondig en ben ik als ik me sta af te drogen alweer vergeten wat ik voor me zag, maar soms blijft een flits nadonderen.

Ik loop door de haven van Reykjavik. Links op de pier boten die uitvaren voor walviswatching, rechts de verweerde schepen die ooit werden gebruikt voor de walvisvangst. Een stukje verderop de haven, een aanmerend schip, bedrijvigheid, mannen die al een uur onvermoeibaar bezig zijn om plastic bakken met verse vis te verwerken. Murw geslagen kijk ik naar hun activiteit. Vreemd woord, murw... *Flitzzz!* Dat ik zelf zo *murw* ben, schiet er door me heen. Het woord blijft hangen. Murw. Murf. Murruf. Ik ben murw, afgepeigerd, doodop, opgebrand, uitgeteld. De Belgen noemen het pompaf. Vermurwd.

Mijn vermurwing is niet te verjagen met een paar uur extra slaap of een massage. Ik ben al maanden murw. In mijn herinnering begon mijn murw in het ziekenhuis, daags na Bents tweede operatie. Alle voorbereidingen waren hetzelfde. De chirurg kwam vooraf vertellen wat hij ging doen, Bent moest nuchter zijn, er werd ons verboden al te hoge verwachtingen te koesteren. Wéér die werdegang door het ziekenhuis, wéér het afscheid bij de ingang van de operatie-unit, wéér het wachten in de ouderkamer. Teaske las een boek, ik zat met mijn aantekeningen op schoot. Af en toe ging ik ijsberen op de gang. Bij het prikbord voor personeel hing een oproep voor de 'Vakinhoudelijke cursus handenwassen'. Verpleegsters krijgen met behulp van groene verf les hoe ze zo grondig mogelijk hun handen moeten wassen. Zaken waar je geen weet van hebt of wilt hebben.

Ook hield ik stil bij de Wall of Fame, de grote wand met foto's en berichten van patiëntjes die op deze afdeling hebben gelegen. Lachende gezichten van blakende kinderen. Zielige poesjes. Slapende baby's. Plukjes haar. Foto's van handjes en voetjes. De brief van een vijftienjarige om te vertellen dat ze nu in havo-3 zit. De kaart van de ouders die het personeel bedankten voor de geweldige steun, ondanks het feit dat hun baby het niet had overleefd. Minuten stond ik te kijken naar deze wand, dit *mood board* van hoop en ontreddering.

Aan het eind van de middag kwam de chirurg onze kamer binnen. Technisch gezien was de operatie geslaagd, zei hij, er was een tweede verdachte plek gevonden en verwijderd.

'Maar laten we niet te vroeg juichen,' zei hij.

Om zeven uur vanmorgen...
werd ik gewekt door Govert, die met een situatie zat waarbij hij mijn hulp nodig had. Als Govert hulp nodig heeft bij een situatie, is er werkelijk iets aan de hand. Dit is wat eraan voorafging.

Na de sneeuwscootersafari reed Ragnheidur Fjalardóttir ons in de tank terug naar Reykjavik. We kregen een half uur om ons op te frissen en dan ging ze ons meenemen naar de hotspots van het Reykjavikse nachtleven. Dit had Junior die middag met haar geregeld, buiten het reisbureau om. Ze troonde ons om te beginnen mee naar een compleet wezenloos nightclub-restaurant genaamd Food-'n-Fun. Tweeënhalfduizend jaar beschaving heeft de mensheid niet verder gebracht dan een restaurant waar gasten worden bediend door stand-up comedians, waar tussen de gangen gastronomisch verantwoord voedsel door heel camp bingo wordt gespeeld en waar bij het nagerecht ballonnen worden rondgedeeld gevuld met helium. Jij denkt dat dit verhaaltechnische toevoegingen zijn, zoals ik in vroeger tijden mijn brieven heus wellicht eens heb opgepijpt met aanvullingen die langs de waarheid scheerden (sommigen noemen het liegen, ik 'een onhandig enthousiasme'), maar dit is echt waar. Een als clown verklede ober kwam aan onze tafel met een grote rode ballon. Brommend kondigde hij aan dat wij een schotel met desserts zouden krijgen, waarna hij een teug nam van het helium en ons met een piepstemmetje een prettig vervolg van de maaltijd wenste.

Oké, we moesten lachen. Het enige criterium bij pogingen tot humor: heeft het wel of geen effect? We mochten de ballon laten rondgaan van de clown, allemaal namen we een teug. Geen van ons had ooit helium gebruikt en het resultaat — het moet gezegd — was hilarisch. Met afgeknepen hoge stemmetjes hebben we verhalen verteld, liedjes gezongen en elkaar toegeblaft. Gillend van de lach hebben we onze voorhoofden op tafel geslagen, tot Egon riep dat we in de nieuwe show zéker een act met helium moesten opnemen en Junior (gezellig) zei dat er misschien helemaal geen nieuwe show kwam — als ik niet meedeed.

Intussen had Ragnheidur Fjalardóttir, die bij ons aan tafel zat, ons geleerd wat we tegen IJslandse meisjes moesten zeggen: *fuart fartleh*.

'Wat waarschijnlijk zoiets betekent als "mag ik een scheet in je gezicht laten?"' zei Ludo, maar hij zat ernaast. Het betekende: je bent mooi.

Na de Food-'n-Fun nam Ragnheidur Fjalardóttir ons mee naar een net geopende club. Aan de luxeuze inrichting was te zien dat de uitbaters hoopten op gangsta-rappers, drugsbaronnen en organisatoren van hondengevechten, maar helaas werden de strakke banken alleen bevolkt door armzalige jongeren in zwarte Sartre-truien.

Ludo zei tegen een willekeurig meisje '*fuart fartleh*', waarna ze zich naar hem boog en vroeg of hij in dat geval vijf halve liters kon halen voor haar en haar vriendinnen. Toen een meisje van een jaar of zeventien lispelend aan

Junior had gevraagd of hij een *father figure* was, vroegen we Ragnheidur Fjalardóttir ons mee te nemen naar een wat volwassener plek. Het woord *adult* was gevallen.

De volgende stop was een plek genaamd Odal, een uitspanning die er aan de buitenkant beschaafd en stijlvol uitzag. Ragnheidur Fjalardóttir regelde dat we niet hoefden te betalen om de 'Gentleman's Club' binnen te komen, mits we een drankje zouden bestellen. Zelf bleef ze beneden wachten, en dat had ons natuurlijk iets duidelijk moeten maken.

'De oorlogskas is nu officieel leeg,' zei Junior, toen hij terugkwam van de bar met zes biertjes in glazen die eruitzagen als een vrouwenfiguur van Klimt. We keken om ons heen. Beetje vreemd café dit. Alleen maar mannen, stelden we vast.

'Ragnheidur heeft ons een homobar in geluisd,' zei Junior. 'Natuurlijk een van haar grappen. Kijken hoelang we het volhouden.'

Op dat moment ging er aan de zijkant van de club een deur open en kwamen er een stuk of vijftien vrouwen binnengehuppeld. Schaars geklede vrouwen met glimmende lichamen. Nu viel ook op dat er op strategische plekken palen stonden. Twee vrouwen renden naar de palen en zwierden zich eromheen. De andere dames maakten een ronde door de zaal, uitdagend de bezoekers peilend.

Wij stonden met z'n zessen bij elkaar, met onze biertjes lullig in de hand.

'Zijn we waar ik denk dat we zijn?' vroeg Junior, met een bijna blije intonatie. Zeemannen in een verre haven.

Met lichte dwang van een paar vrouwen werden we uitgenodigd om ons te vervoegen naar het gedeelte waar werd gepaaldanst. Daar stonden leren rookstoelen uit de tijd van Flaubert. Alleen Govert bleef tegen een wandje staan, de rest van het gezelschap nam plaats in een van de fauteuils, met uitzicht op een meisje dat met naakte borstjes stond te heupwiegen tegen een paal. Meteen kwamen er vrouwen op ons af, gul lachend, brutaal. Een blonde vrouw in gele lingerie liep voorop. Heel even scande ze onze groep, waarna ze met een sprongetje op de zijkant van mijn stoel schoot. Ze had ook op de stoel van Zwitserse Frank of Junior kunnen springen, maar ze koos mij.

'*Hay*,' zei ze, met een warmte alsof we elkaar sinds 1942 niet meer hadden gezien (ik werd gedetacheerd bij mijn RAF-eenheid, zij ging Duitse morsecodes kraken). Gracieus hield ze me haar hand voor. Ik pakte deze, zonder mijn naam te zeggen. Ook bij de anderen waren vrouwen gaan zitten. Bij Ludo zat een zwartharige vrouw, Zwitserse Frank had nogal ongemakkelijk een negerin op schoot, en bij Egon leunde een meisje lachend op zijn knie alsof het zijn dochter was.

'*I'm Sledyana*,' zei de vrouw op mijn armleuning. '*What your name?*'

'Giph,' zei ik, hoewel het ook even door me heen was geschoten om een valse naam op te geven.

'*Giv...*' herhaalde ze. Even dacht ze na en zei: '*O, giv it to me.*'

Een liefdevol spottende blik, al leek ze zelf ook te schrikken van haar grapje. Ik schoot in de lach en vroeg of Sledyana een IJslandse naam was.

'*I'm not from Iceland, I'm from Romania.*'

Ja, zo zag ze er ook uit, moet ik bekennen. Ze had een Slavisch gezicht, een zonnebankbruin lichaam en de geur van parfum, nicotine en een zwaar leven.

'*What are you doing in this country?*' zei ik.

'*It's a fantastic place to be*,' zei ze, nogal monotoon, waarna ze vroeg wat ik van IJsland vond.

Ik knikte kinderlijk enthousiast.

'*Yeah very nice*,' zei ik, me afvragend of ze wilde dat ik vertelde over de sneeuwsafari en de waterval.

'*Do you want to go with me to a private place?*' vroeg ze, blijkbaar toch niet zo geïnteresseerd in mijn avonturen.

'*Where, you know,*' ging ze verder, ze boog zich naar me toe en zei met zachtere stem in mijn oor: '*you can really giv it to me.*'

Even stokte mijn adem.

'*I'm sorry,*' zei ik, waarna ik Govert riep, die op een paar meter van ons vandaan stond.

'We gaan,' riep ik tegen hem. En daarna harder tegen de groep: 'Jongens, we gaan, dit is niet onze plek.'

Sledyana keek me gespeeld beteuterd aan, maar ik stond op en met mij kwamen ook Zwitserse Frank en Junior overeind. Ik zei Sledyana vriendelijk gedag en liep in de richting van de trap naar beneden. Buiten wachtten we op Egon en Ludo, wat overigens nog best lang duurde. Ragnheidur Fjalardóttir was inmiddels verdwenen.

Later, in ons stamcafé Thorvaldsen
vertelde Egon dat het zo lang duurde voor hij zich bij ons voegde omdat hij het meisje op zijn schoot had betaald.

'Betaald?' riep Junior. 'Betaald waarvoor?'

Egon zei dat de vrouw tegen hem had gezegd: '*Let me make you happy*.' Hij had geantwoord dat het hem *happy* zou maken als ze 100 euro zou aannemen, zonder dat ze dit aan haar pooiers zou afgeven en zonder dat ze ervoor met hem naar een kamer zou moeten.

'*Nobody has to know I gave you money, I don't want to go in a room with you,*' had Egon tegen haar gezegd, waarna hij de vrouw stiekem twee biljetten van 50 euro in de handen had gedrukt.

'Grappig,' zei Ludo, 'ik heb precies hetzelfde gedaan. Ik heb mijn mevrouw ook 100 euro gegeven.'

Dat moment sta ik oprecht paf over de gebroeders Smulders. Ze zijn onuitstaanbaar, briljant, vervelend, jongensachtig, hilarisch, onberekenbaar, moedeloosmakend, zuigerig, ze geven te grote cadeaus, ze vergeten verjaardagen, ze maken constant ruzie, zijn eigengereid en egocentrisch, ze sms'en nooit terug in tijden van stress en ongeluk, maar ze schuiven beiden ook stilletjes biljetten van 50 euro in handen van prostituees, die geïmporteerd zijn uit een Balkanland om in een bordeel op een ijskoud eiland toeristen af te werken.

'En jullie denken echt dat die meisjes dat geld niet afgeven?' zei Govert, met een onaangestoken Zware Van Nelle in zijn handen.

Inmiddels...
zit ik op het overdekte terras van een restaurant genaamd Sægreifinn, de Zeegraaf, in een turquoise houten barak in de haven van Reykjavik. Er hangen visnetten aan het plafond en foto's van de eigenaar, een gepensioneerde walvisser. Er komen een paar IJslanders binnen voor de lunch. De Sægreifinn oogt als een oosterse toko annex westerse snackbar. De stoelen zijn blauwe vissertonnen. Er staan gekoelde vitrines waaruit gasten zelf etenswaar mogen pakken, er hangt gedroogd voedsel, de maaltijden worden geserveerd op plastic borden met plastic bestek. Ik zit achter een beker koffie, want ik kan nog niet aan eten denken. Ik check mijn telefoon om te zien of Teaske al iets heeft gestuurd.

Gisteravond zijn we om een uur of drie teruggegaan naar het hotel omdat Egon in een café dat we waren in gevlucht na het bordeelbezoek nogal opdringerig werd belaagd door een ex-vrouw van een IJslandse voetballer, die nog in de Nederlandse competitie heeft gespeeld. Haar openingszin was of Egon haar borsten niet te groot vond, waarna ze haar bovenlichaam ter keuring langdurig voor hem en de rest van ons gezelschap wiegde. Hierop begon ze met een grappig accent Nederlands klinkende schunnigheden op hem af te vuren ('*hêb jÿ één grøte lœl?*'). Haar vriendin, gekleed in een *tigersuit*, stortte zich met eenzelfde seksuele plakkerigheid op Ludo en ook Junior werd besprongen door een vrouw die niet was gestopt bij haar eerste alcoholische versnapering. Het werd tijd om te gaan.

De bar van ons hotel ging net sluiten, maar Egon wist het barmeisje, een nichtje van Björk, zover te krijgen om ons nog één drankje te serveren. Ik liet deze ronde aan me voorbijgaan (moe, zin om te schrijven, murwgebeukt door de wurgende gezelligheid, die me misschien moest overtuigen terug te komen op mijn besluit te stoppen).

Om zeven uur, een paar uur later, belde Govert me op de telefoon van mijn kamer. Hij had een situatie waarbij hij mijn hulp nodig had. In het uur daarvoor was hij meerdere malen opgewonden gebeld vanuit Nederland. Ik sleepte me uit bed en zag hem in de hal van het hotel, waar ook Egon, Ludo en Zwitserse Frank stonden.

'Wat is er aan de hand?' vroeg ik.

'Junior is aan het doordraaien,' zei Ludo.

'En jij bent nog het nuchterst,' zei Zwitserse Frank.

De rest was namelijk doorgegaan, begreep ik. Na het laatste rondje was er een tweede laatste rondje gekomen, en daarna nog een paar. Uiteindelijk was dit uitgelopen op een enorme scène, waarvan de strekking mij ontging.

Gevijven liepen we naar de kamer van Junior. Ik klopte zachtjes op zijn deur, maar er kwam geen reactie. Ik klopte harder en nog harder, waarop Egon met de onderkant van zijn vuist begon te beuken.

Alleen gekleed in onderbroek deed Junior open.

'Mogen we binnenkomen?' vroeg ik.

'Waarom?'

Egon: 'We moeten wat bespreken.'

Zonder verder iets te zeggen liep Junior terug in zijn kamer. Het toneelbeeld: een wanordelijke kamer met een zithoek en een dressoir met een minibar. Er lagen kleren. Er slingerde een gitaar. Er stond een fles champagne in een koeler. Junior kroop onder zijn dekbed, en pakte zijn telefoon.

Tegen ons zei hij: 'Ik ben heel benieuwd.'

'Ik ook,' zei ik.

Plotseling werd het dekbed opengeslagen en een meisje glipte naar de badkamer, met haar handen haar lichaam bedekkend. We keken haar verbaasd na.

'Wie was dat?' vroeg Ludo.

Junior zei dat hij niet meer wist hoe ze heette. 'Iets met Onne of Inni. Zo'n soort naam.'

'Enne... Hoe komt ze hier?' vroeg Egon.

'Geen flauw idee.'

Ludo: 'Aha.'

'Ik was een beetje dronken.'

'Ik vind als ik dronken ben nooit meisjes in mijn bed,' zei Zwitserse Frank.

'Maar hoe ging dat dan echt met dat meisje? Hoe komt ze hier?' vroeg Ludo.

Junior zei: 'Jezus, het is gewoon een meisje. Er zijn toch altijd meisjes? Jullie komen mij om zeven uur 's ochtends wekken om te vragen hoe ik een IJslands meisje heb versierd?'

'Nou, wekken,' zei Govert, 'ik geloof niet dat we je gewekt hebben, Junior.'

'Willen jullie wat drinken overigens?' vroeg Junior. 'Ik heb nog champagne. Mijn minibar is half leeg, maar er zijn ook nog van die kabouterflesjes whisky.'

'Heb je champagne laten komen?' vroeg Ludo.

Junior, plotseling fel: 'Ja, ik heb champagne laten komen.'

Egon, nog veel feller: 'O, en dáár hebben we wel nog geld voor? Twee miljoen euro naar god en jij bestelt doodleuk champagne.'

Er begon mij duidelijk te worden waar de scène vannacht over was gegaan.

'Ik zal mijn champagne zelf betalen,' zei Junior afgemeten. 'Maar goed. Waarom waren jullie hier ook alweer?'

Govert keek naar Egon en Ludo.

'Ik geloof dat zij je iets te zeggen hebben.'

'Eh ja,' zei Ludo, die verder niets zei. Egon ging verder: 'We moeten iets opbiechten. Tenminste, Ludo moet iets opbiechten.'

Ludo schrok op. 'Ja. Het gaat over het gesprek van vannacht. Kijk, hoe ontstaat zoiets? Dat heeft te maken met dingen als de dynamiek van de avond.'

'De dynamiek van de avond,' herhaalde Junior.

Ludo: 'Op een gegeven moment werden we allemaal heel erg dronken. En we hadden echt een goed verhelderend gesprek, dat vonden jullie ook. Jammer dat het dan toch weer met ruzie moet eindigen.'

'En met een huilbui,' zei Egon.

'En met een huilbui, maar dat doet er niet toe, ik heb toch al tien keer gezegd dat mijn huilaanvallen niets voorstellen?' zei Zwitserse Frank.

Ludo ging door: 'Als ik dus echt heel erg veel, te veel, gezopen heb, dan ga ik dus echt ongelofelijk uit mijn nek lullen. En... waar we het dus vannacht over hadden...'

Hij liet een verhaaltechnische stilte vallen.

'Toen ik jou en Egon op een gegeven moment hoorde praten over Sipke, en in hoeverre zij tijdens jullie huwelijk wellicht een keer...'

Adempauze.

'Al dan niet vreemdgegaan zou zijn, en toen daarbij ook nog eens de naam Dirk viel, nou ja, wat ik toen — en dat is dus echt volledig te danken en te wijten aan de alcohol — wat ik toen over Sipke en Dirk vertelde...'

Weer een adempauze.

'Dat sloeg dus nergens op. Helemaal nergens. Ik heb echt volslagen uit mijn nek zitten ouwehoeren. Het is allemaal niet waar wat ik schijn te hebben gezegd. Niet waar.'

'Het is niet waar,' herhaalde Junior. Ik vroeg me af wat er niet waar was.

'Ik heb echt enorm zitten lullen. Dronkenmanspraatjes. Gewauwel,' zei Ludo.

'Dirk?' vroeg ik zacht aan Govert.

'Mollema,' zei Govert, een cabaretier die onlangs om onduidelijke redenen is overgestapt van Plankenkoorts Producties naar een ander agentschap.

Junior dacht na. 'Dronkenmanspraatjes... Je zei het anders allemaal met een enorme stelligheid.'

'Dronkenmansstelligheid.'

Junior maakte een gebaar dat hij moest nadenken.

'Jij zei vannacht dat "de affaire", zoals je het noemde, tussen Sipke en Dirk een publiek geheim was. Publiek geheim, die woorden gebruikte je. Dat iedereen wist dat Sipke en Dirk hét al maanden met elkaar déden. Dat er door iedereen in de cabaretwereld — en nu citeer ik jou — over Sipke en Dirk werd gepraat.'

'Ja, dat heb ik gezegd,' zei Ludo, 'maar, wat ik net al zei...'

'Jij zei dat iedereen wist dat de vrouw van de impresario van Groep Smulders in het geniep neukte met de jullie zo gewaardeerde college Dirk Mollema. Dat zei jij.'

'Dat heb ik gezégd, maar luister nou! Het slaat dus helemaal nergens op. Ik weet niet wat me bezielde. Ik heb, weet ik veel, een fantasie verwoord, of een angstgedachte, of...'

'O, een fantasie verwoord? Je bedoelt een leugen opgedist.'

Junior richtte zich op Egon.

'En jij...'

Weer dacht hij na.

'Jij hebt wat hij allemaal zat op te dissen bevestigd. Jij hebt alles klakkeloos zitten bevestigen.'

Egon knikte schuldbewust.

'Ja, Ludo was ook erg overtuigend. Toen hij het vertelde

vielen bij mij ook dingen op z'n plek. Aanvankelijk, dat kun je ook niet ontkennen, zei ik nog dingen als "mocht het werkelijk zo zijn dat...", maar na een paar honderd biertjes in je mik, ben je snel geneigd dingen voor waar aan te nemen. Iemand zegt wat, je mompelt ja, en voor je het weet heb je iets bevestigd waarvan je niet eens wist dat je het wist.'

'Jij hebt godverdomme gezegd dat iederéén wist dat die slet van een Sipke zich liet gaarnaaien door Mollema. Dat heb je in geuren en kleuren lopen verkondigen. Jullie hebben heel erg op ze zitten schelden.'

Junior stak een sigaret op en richtte zich tot Ludo.

'Wat bezielt jou om dat soort dingen te zeggen, als ze niet waar zijn?'

'Ik weet het echt niet. De drank. Het moment. *Une aliénation mentale.* Ik weet het echt niet. En ik wil je ook mijn gemeende verontschuldigingen aanbieden voor alle... eh... onrust die ik heb veroorzaakt.'

'Wacht... Wachtwachtwacht. Ik geloof jullie niet. Ik denk dat jullie eindelijk eens de waarheid hebben verteld en dat jullie er ontzettend van geschrokken zijn dat je mij alles hebt opgebiecht. Ik denk dat iedereen het nieuws over mijn vrouw krampachtig voor mij verborgen heeft gehouden.'

Egon, plotseling boos: 'Zoals jij een paar duizend liter bier nodig had om ons te vertellen dat we twee miljoen euro zijn kwijtgeraakt.'

Op dat moment piepte de mobiele telefoon van Junior.

We keken allemaal naar het toestel.

Egon: 'Moet je niet kijken van wie?'

'God ja, van wie zou die nu eens kunnen zijn?' riep Junior. 'Oké, laat me raden. Eh... óf van Sipke. Óf van Dirk. Of misschien wel van allebei, want wie weet liggen ze op dit moment wel naast hun telefoon te rampetampen.'

Govert, tegen mij: 'Ik werd dus vannacht vanuit Nederland gebeld door Sipke, die een stroom sms'jes van Junior had gekregen, waar ze echt geen touw aan vast kon knopen.'

'Dat ze een vuile smerige slethoer is,' riep Junior. 'Klopt ja, die sms'jes hebben mijn vriendin Onni en ik haar eerder vannacht gestuurd.'

Ludo: 'En op hetzelfde moment werd ik vanuit Nederland gebeld door Dirk, die ook sms'jes had gekregen...'

'Dat hij de vinketering kan krijgen en dat we hem zakelijk helemaal gaan slopen. Dat hij met zijn jatten van mijn wijf af moet blijven.'

'Ze zijn daar dus nogal van geschrokken in Nederland,' zei Egon. 'Temeer om het feit dat het...'

Hij verhief zijn stem.

'Helemaal niet waar is! Stel je voor dat Ludo mij in een dronken bui vertelt dat jij achter mijn rug om met Lilianne hebt liggen vozen, en dat ik jou dan hyperagressieve sms'jes begin te sturen, terwijl het allemaal onzin is!'

Junior: 'Ja, maar in dat geval zou het allemaal geen onzin zijn, want ik ben namelijk écht een keer met Lilianne in bed beland.'

'Tuurlijk.'

'Nou, dan niet.'

'Leuk onderwerp om grappen over te maken.'

'Wie zegt dat ik een grap maak?'

'Kap eens even. Dat meen ik, hoor.'

'Weet je, jullie vertellen mij — gevoed door alcohol en in een roes van een buitenlandse reis en een persoonlijk openhartig gesprek over onze financiële situatie — een volkomen logisch verhaal over wat jullie weten van mijn vrouw en die vuile gore overloper van een Dirk, die drie maanden geleden mijn management heeft verruild voor het management Meerschut. Dat vertellen jullie me. Prima. Daar zijn we vrienden voor. Dat jullie daarna schrikken van de gevolgen, is jullie probleem. Natuurlijk zijn

Sipke en Dirk met elkaar naar bed geweest, god mag weten hoeveel keer, maar wat er nu speelt heeft niet zozeer te maken met hun gekonkelfoes, maar met ons als cabaret-gezelschap.'

'Wat is er tussen jou en Lilianne gebeurd?' vroeg Egon.

Wederom bliepte Juniors mobiele telefoon.

Junior: 'Hé, een sms. Wie zal het deze keer zijn? Dirk? Sipke? Lilianne, een sms van Lilianne?'

'Als er ook maar iets tussen jou en Lilianne is gebeurd, maak ik je koud.'

De bereidheid om maximaal geweld te gebruiken.

'Vraag maar aan Ludo,' zei Junior. 'Ludo weet alles. Ludo heb ik alles verteld. Ludo? En Ludo is zelf overigens ook erg verzot op Lilianne. Toch, Ludo? Of niet dan?'

'Onzin, vuile hufter,' riep Ludo.

'Jongens, hou eens op!' riep ik. 'Dit is wijvengezeik. We zijn een groep! Smulders moet weer on tour. Wat zijn jullie aan het kapotmaken?'

'We?' riep Junior. 'We? Daar hoor jij niet meer bij, toch? Wat doe je hier? Jij bent toch gestopt? Jij bent toch niet meer, wat was het, bevattelijk voor het geluid van applaus?'

Op dat moment nam Egon plotseling een aanloop. Hij sprong op het bed en overmeesterde Junior na een korte schermutseling.

'Jongens! Niet doen!' riep ik. Egon zat op Junior en hield hem in bedwang met zijn knieën.

'Dit is geen wijvengezeik,' riep hij, 'dit is rock-'n-roll. Dit is een punkband. Wat is een cabaretgroep zonder af en toe eens een onderlinge knokpartij? Wat heb jij...' hij sloeg Junior met zijn vlakke hand '...uitgevroten met Lilianne? Je goddomme verschrikkelijk kwaad maken over Dirk en Sipke, maar ondertussen jezelf wel vergrijpen aan mijn vriendin.'

Junior, half lachend: 'Dat was een publiek geheim! Een

publiek geheim! Vraag maar aan je broer...'

'Kap nou toch eens met die onzin!' riep ik voor de zoveelste keer, omdat we dit soort aanvaringen vaker hebben gehad, altijd onder invloed van drank en altijd gebaseerd op onzinnige aannames en misinterpretaties.

'Het is allemaal niet waar, en dat weten jullie!' ging ik verder. 'Jij zei dat iedereen in de cabaretwereld het wist. Onzin. Ik wist van niks, omdat het ook niet zo is. Dit is wijvengezeik.'

'En hou jij nou eens op met dat gewijvengezeik,' riep Junior naar mij, 'want als er iemand de afgelopen maanden zich heeft schuldig gemaakt aan wijvengezeik ben jij het.'

'Is goed,' zei ik berustend. 'Is goed, jongen.'

'Met dat gehuil over dat zielige kindje van je. Godsamme, wat hebben wij een geouwehoer moeten aanhoren. Operatie. Zielig. Huiliehuilie. En wat nou het meest trieste is: dat het godverdomme niet eens om jouw eigen kind gaat.'

Ik voelde dat ze allemaal geschrokken in mijn richting keken.

'En hoe vaak heb jij dat gehuil moeten aanhoren?' zei ik. 'Helemaal nooit heb ik je in het ziekenhuis gezien, Junior. Niemand van jullie heeft de moeite genomen om langs te komen, en jij al helemaal niet. Nee, je hebt enorm meegeleefd. Je was een grote steun.'

Junior riep: 'Als we wel vaak waren langsgekomen in het ziekenhuis, was het ook niet goed geweest. Jij hebt je daar bewust opgesloten, en wij hebben de afweging gemaakt je er met rust te laten. En weet je, dít is wijvengezeik, om hier dan achteraf op terug te komen.'

Egon keek mij zuchtend aan, nog steeds boven op Junior.

'Moet ik hem een beuk geven?' vroeg hij. 'Ik ros hem zo voor je in elkaar.'

Zonder dat ik het bewust doorhad begon het te tintelen in mijn vingers. Mijn ademhaling ging omhoog, ik kreeg aandrang om mijn vuisten te ballen en erop los te gaan slaan.

'Eh, guys?'

Niemand, tenminste ik niet, had gezien dat Onni inmiddels uit de badkamer was gekomen, aangekleed in een mantelpakje. Ze riep iets in een soort Engels.

Allemaal keken we in haar richting.

'What are you doing? What is problem?' zei ze.

Egon: 'Junior? Ik geloof dat je vriendinnetje iets van je wil...'

'What is going to happen? Who is going to do me?'

In de stilte gaapten we haar aan.

'Volgens mij vraagt ze wie haar gaat doen,' zei Ludo.

'Wie haar gaat doen?' vroeg Zwitserse Frank. 'Als in wie van ons zessen? Ik bedoel: het maakt haar kennelijk niet uit wie het wordt, als iemand de taak maar vervult. Oh boy, wat is IJsland toch een geweldige plek.'

'I'm sorry, Onni,' zei Egon. 'Thank you for your kind offer, and don't feel offended, but none of us is going to eh... take advantage of you.'

'You don't do me?'

Ludo: 'No, we're not doing you. You are a very nice girl, but...'

'And who is going to pay me?' vroeg ze.

'Pay you?' vroeg Ludo. 'Godverdomme, Junior. Heb je een call girl laten komen? Jezus, Junior, we waren toch blut?'

'En je had haar toch versierd, klootzak?' zei Zwitserse Frank.

'Ja! Weet ik wat ik doe in mijn verdriet?' vroeg Junior.

'Can I have money now?' vroeg Onni.

'Nou, lul, betaal haar maar. Hoeveel kost een prostituee tegenwoordig?' zei Ludo.

'Ik geloof iets van driehonderd euro...'

Egon: 'Driehonderd euro? Heeft ze kaviaar in haar kut?'

'Ik heb alleen een klein probleempje,' zei Junior. 'Ik heb geen cash meer. En mijn creditcard wil ik niet geven.'

'Geen cash meer? Je hebt geen cash meer? Hoe wil je haar in godsnaam betalen zonder cash?'

'Ik dacht: ik laat een meisje komen en dan zie ik wel wat de consequenties zijn. In mekaar geslagen worden door een pooier en daarbij deze hele hotelkamer compleet verbouwen, zoiets. Leek me heel erg rock-'n-roll. Ik weet niet hoe ik haar dacht te betalen. Ik dacht: fuck alles, fuck IJsland, fuck Groep Smulders, fuck Nederland, fuck dit hotel, fuck die kutcabaretband van ons, fuck Sipke, fuck vooral Dirk, fuck mijn so called management, fuck alles, ik huur een hoer zonder dat ik geld heb.'

'Wat een ongelofelijk domme eikel ben jij,' zei Egon.

'Wat bezielt jou?' zei Ludo.

'Moet je horen wat jij nog geen vier uur geleden allemaal zat te beweren! Wat zou jij doen als je te horen kreeg wat ik te horen kreeg. Wat zou jij doen?'

Egon en Ludo riepen tegelijk dat het allemaal niet waar was. Dronkenmansgeouwehoer. Te gretig aangenomen door Junior.

'*Listen, I want my money. You want me to call some-body? My boyfriends?*' zei Onni.

Govert, Frank en ik trokken onze portemonnees en gaven Onni ieder honderd euro. Ze nam het geld opgewekt aan en alsof ze een teug helium had genomen zei ze met een piepstemmetje: '*Okay! Bye bye. Thank you.*'

'Fuart fartleh!' riep Frank haar na.

Toen ze verdwenen was volgde er een lange stilte.

'Allemaal niet waar...' mompelde Junior.

'Nou, deze kunnen we weer bijschrijven in het grote boek fantastische herinneringen van de punkband Schaamschurft,' zei Egon.

'En wat doen we nu?' vroeg Junior.

Om een of andere reden keken ze allemaal naar mij.

'Ik weet wat we moeten doen,' zei ik.

Ik pakte de telefoon en drukte een knop in.

'*Roomservice?*' hoorden de anderen me zeggen. '*Can I order another bottle of champagne? With five glasses. And a bottle of Chassagne-Montrachet, if you have one.*'

Als we dan toch ten onder gaan, groots en meeslepend.

Zittend op het overdekte terras van de Sægreifinn...
tuur ik of ik de boot zie waarmee mijn reisgenoten zijn vertrokken, maar de Atlantische Oceaan is leeg en grauw. Bij het afhaalloket heb ik net de lokale specialiteit gehaald: een kom kreeftensoep, bereid door de opa visser zelve. Het wordt mijn ontbijt.

Ik hou niet van culinair gezeik en uitbuikende schrijvers die uit geestelijke armoede voedsel bijna huilend als kunst bestempelen, maar mijn *traditional lobster soup* is van de buitencategorie: een ziltzoetige romige pruttelpot van krachtig kreeftenvlees, selderij, paprika, tomaat, kaneel, kruidnagel, nootmuskaat en koriander. De troost van voedsel.

De dag van Bents tweede operatie had ik eten gehaald bij een traiteur, om op zo'n zware avond in godsnaam niet in de kantine gefrituurde uienringen te hoeven eten. Toen Teaske vermoeid naar huis was gegaan, zat ik bij Bent, wachtend op de verpleegkundigen die om het half uur Bents waarden bepaalden. Dat zijn waarden op peil bleven was bijna onwezenlijk goed nieuws. Zijn waarden blijven goed! De dijken houden het! We gaan niet door de weerstand!

Bents getallen moesten zich bevinden tussen 4,5 en 9. Dit was zijn verloop van die dag, bijgehouden in mijn waarde-fetisjboekje:

12.19 uur: 9.1
13.00 uur: 7,1 — De ommekeer?

14.36 uur: 8,6 — weer omhoog...!

15.03 uur: 8,4

15.30 uur: 8,6 — M: 'Zo stabiel als een huis.'

16.01 uur: 8,6

16.44 uur: 8,6 — M: 'Ziet er prima uit.'

Het waren maar cijfertjes, en toch zag ik in Teaskes ogen een blik die ik voor de bevalling voor het laatst had gezien. Zuster Miriam kwam melden dat we om zes uur 's middags een gesprek zouden hebben met Bents behandelend artsen. Teaske en ik zaten in het hokje van Bent en keken elkaar aan. Bent had vijf stabiele waarden achter elkaar gehad, op eigen kracht. Dit kon maar één ding betekenen.

Op dat moment kwam een andere zuster zeggen dat we de afdeling tijdelijk moesten verlaten. Dat gebeurde soms als er een kindje lag te vechten met het leven en de familie afscheid kwam nemen. Ik had al gezien dat drie bedjes verderop een verdronken poesje bezig was aan haar laatste uurtje. Je merkte dat vooral aan de ogen van de verpleegkundigen, die tijdens zo'n gevecht van strijdlustig naar berustend gingen. En aan de benen. Werd er nog geknokt dan liepen ze daadkrachtig en snel, was de strijd voorbij dan leken hun benen zwaar en moedeloos.

Teaske kuste Bent zachtjes op zijn voorhoofd, waarna we de afdeling verlieten, samen met andere ouders. Ouders die niet spraken, maar genoeg hadden aan een gedeelde blik. Teaske en ik dronken een kop koffie op het terras van de binnenplaats van het ziekenhuis, in afwachting van het gesprek met Bents artsen. Om ons heen ouders van patiënten, en medisch personeel. En toen zag ik haar zitten, ze was gekleed in een witte jas, omhangen met een stethoscoop en pasjes. Ze zat met haar rug naar ons toe, maar ik herkende haar silhouet. Met andere artsen lachte ze uitbundig alsof ze ergens in de kroeg zat.

'Samarinde?' zei ik.

Het was achteraf eigenlijk vreemd dat het er nog niet eerder van was gekomen. Samarinde werkte als arts in het aanpalende ziekenhuiscomplex, de kans dat ik haar een keer zou tegenkomen was natuurlijk aanwezig.

Ik noemde haar naam en ze draaide zich om.

Of ze verbaasd was mij daar te zien weet ik niet meer, net zomin of ze wist van Bent en mijn liefde voor Teaske. Dat moet haast wel, maar die eerste momenten van ons gesprek gingen volledig langs me heen. Een klein onbelangrijk deel van mijn hersenen voerde een gesprek, een veel groter deel had een spoedvergadering belegd over de ontstane situatie.

Ik zal Samarinde hebben voorgesteld aan Teaske en we hebben gepraat over de gezondheid van Bent. Teaske moet hebben geweten wie Samarinde was, maar ik geloof niet dat ze zich op wat voor manier dan ook liet ontregelen. Samarinde reageerde ook niet uit het veld geslagen. Omdat ze net als iedere arts opgewonden wordt van abnormale ziektebeelden wilde ze details, namen, uitslagen. Teaske deelde die met haar.

Langzaamaan begon ik weer bewust aan het gesprek deel te nemen. Samarinde weifelde bij alles wat we zeiden, alsof we haar hadden gevraagd om een second opinion. Een vreemd gegeven dat Teaske en ik als leken inmiddels meer wisten van Bents specifieke afwijking dan een geschoolde arts als Samarinde. Wij moesten haar dingen uitleggen, hoe maf was dat? Na een paar minuten zei Teaske dat ze weer terugwilde naar de afdeling, naar haar zoon. Ik zei dat ik zo zou komen.

Samarinde en ik bleven met z'n tweeën achter.

'Jezus christus, Giph,' zei ze, waarna ze lange tijd zweeg. We keken elkaar langdurig aan. Samarinde ademde snel en luidruchtig.

'Ben je nu boos op mij?' vroeg ik met de nadruk op het

woord boos. Een vraag die ik tijdens onze relatie een keer of acht miljard heb gesteld.

Ze wilde wat zeggen, schudde haar hoofd en slikte haar antwoord in.

'Dit hadden we een jaar geleden toch ook niet kunnen... dat we elkaar op deze plek... in deze omstandigheden...' zei ik.

'Nee,' zei ze.

Ze zuchtte.

Ik stond op om nog een thee en een koffie te halen, en hierna zaten we weer zwijgend tegenover elkaar. Zoveel als we net hadden gepraat met Teaske erbij, zo weinig zeiden we nu.

Er schoten me onwillekeurig een paar scènes uit de film van ons leven te binnen. De keer dat ze me 's ochtends in de gang van ons appartement had afgetrokken, omdat ik (in ditzelfde ziekenhuis) mijn zaad moest inleveren voor een kwaliteitsonderzoek. Onze miskraam. De molen. Onze vakantie op Lefkas, de katapontismos die ik voor haar zou hebben gewaagd.

'Hoe gaat het met je?' vroeg ik.

Ze vertelde niet echt geïnspireerd dat ze net een nieuwe relatie had beëindigd en ze inmiddels een affaire had met een collega.

'Het is best heftig allemaal,' zei ze.

Ik knikte, en dacht er het hare van.

'Wil je Bent zien?' vroeg ik abrupt, en ik weet begot niet waarom ik haar dat voorstelde. Meteen had ik spijt dat ik het had gezegd. Wat zag ik voor me, dat we samen naar het bedje van Bent zouden lopen zodat zij kon kijken naar het definitieve bewijs dat onze liefde voor altijd voorbij was?

'Ik heb hem al gezien,' zei ze.

Ik trok mijn wenkbrauwen op tot net onder mijn kruin.

'Wat dacht je? Dat zoiets geheim bleef in het ziekenhuis? Ik ben een keer 's nachts gaan kijken toen ik dienst had.'

'Waarom?'

Ze zweeg.

'Wat deed het met je?'

Ze haalde haar schouders op.

'Niks. Gewoon. Een ziek kind.'

'Een ziek kind van de man met wie je een jaar geleden nog iets had.'

'Jezus Giph,' riep ze, 'ik wilde je het niet zeggen, maar verdomme, het is toch jouw kind niet?'

Ik wilde wat zeggen, maar de woorden spoten plotseling uit haar mond.

'Het is jouw kind niet. Om een of andere reden doe je alsof het jouw zoon is en maak je je heel druk om hem, en dat zal wel met mij te maken hebben of zo, of weet ik veel, maar het is jouw kind niet.'

'Ik eh...'

'Waarom sloof je je zo voor hem uit? Jij bent de vader niet, hoe erg je je best ook voor hem doet.'

Het waren dingen die alleen zij zo snerpend hard kon zeggen. De ijskoude vlakte tussen twee voormalige geliefden. Bedachtzaam nam ik een slok van mijn koffie en liet haar uitrazen, de vrouw voor wie ik in de diepte had willen springen.

Nee, ik heb Bent niet verwekt. Ergens aan het begin van Bents leven was een onbekend, waarschijnlijk Italiaans celletje met een staartje hiervoor verantwoordelijk. Maar weet je hoe minuscuul zo'n zaadje is? Dat is met het blote oog totaal onzichtbaar. Is het dankzij zo'n verwaarloosbaar klein visje dat ik niet de vader ben? Bent, het joch, is in mijn huis, in mijn bed geboren. Ik heb zijn navelstreng doorgeknipt. Ik heb hem met een ambulance naar het ziekenhuis gebracht. Ik heb gezien hoe hij werd gereanimeerd. Letterlijk weken heb ik aan zijn bed gezeten. Ik heb me niet laten vermurwen door artsen en verpleegkundigen. Ik heb hem naar een helikopter geduwd.

Ik heb zijn voedingen geheveld, zijn luiers verschoond. Ik ben de allereerste geweest tegen wie hij heeft gelachen... Hij is mijn zoon.

Dit had ik op mijn beurt kunnen antwoorden, maar ik deed het niet. Ik zei: 'Nee, dat zit me in het geheel niet dwars.'

Samarinde keek me langdurig aan.

'Weet je, Samarinde,' zei ik, 'voor mijn eigen kind had ik me precies zo uitgesloofd.'

Samen zwegen we.

En waar ik het had over 'mijn eigen kind' bedoelde ik natuurlijk 'ons eigen kind'... stop de tijd.

Binnen vijf minuten stond ik weer bij het bed van Bent. Ik keek naar Teaske, dacht aan Samarinde en herinnerde wat mijn moeder ooit had gezegd: dat in de liefde de een altijd meer houdt van de ander dan de ander van de een. Een bewering die niet valt te controleren, want hoe zouden we dit moeten meten? Wat ik op dat moment wel zeker wist: dat Teaske en ik evenveel gaven om het allermooiste jongetje dat we kenden. Teaske boog zich over Bent, en ik kan me vergissen maar volgens mij zag ik in de gloed van haar ogen een verwachtingsvol vergezicht.

Een half uur later zaten Teaske en ik in de spreekkamer tegenover een team van Bents behandelend artsen. Er was een opgetogenheid voelbaar die ik nog niet eerder had gemerkt. Een neonatologe nam het woord.

'Bent heeft ons inmiddels geleerd dat we niet te vroeg moeten juichen en hij zal nog zeker lange tijd bij ons moeten blijven,' zei ze met een glimlach om haar mond, 'maar zijn waarden zijn geweldig. We hebben hem net nog laten prikken: 8,6. Perfect stabiel en op eigen kracht. Vandaar dat ik het aandurf om te zeggen: de operatie lijkt geslaagd.'

Teaske kreeg tranen in haar ogen, mijn lichaam werd een achtbaan voor een lange trein rillingen. Met het team vergaderden we nog een tijdje over mogelijke tegenslagen (kans op suikerziekte, gebrek aan eetlust, verhoogde bloeddruk). Uiteindelijk kwamen we in een juichstemming terug bij Bents bed. Ik schreef je dat Teaske opbloeide als het goed ging met Bent, ik had het tegenovergestelde: ik kreeg juist fut als het tegenzat. Teaske ging bij Bent zitten, ik zag hoe ze met de achterkant van haar vingers zijn linkerwangetje streelde (op zijn rechterwang zat een hartvormige pleister die ervoor zorgde dat hij zijn voedingssonde niet kon lostrekken) en luisterde naar de energieke liefde waarmee ze hem vertelde dat zijn operatie was geslaagd — en werd overvallen door een staat van murw die tot op de dag van vandaag duurt.

Restaurant Sægreifinn
Eigenlijk ga ik naar binnen om een tweede kom kreeftensoep te bestellen, maar in een vitrine zie ik een schap met het bordje 'Hrefna — Mink Whale'. Erboven liggen in een doorzichtige broodtrommel spiezen met uien, paprika en stukken rood vlees. Ik vraag aan de oude man achter de balie of dit daadwerkelijk walvis is. Hij bevestigt dit norsig, maar zegt erbij dat deze soort op IJsland voor honderd procent legaal is.

'It's not endangered,' zegt de man. Ik denk aan mijn reisgenoten die een paar mijl uit de kust op zoek zijn naar deze sjaslieks, maar zonder de uien en de paprika. De oude visser knipt met zijn vingers dat ik een spies uit de bak moet pakken.

'Yes yes yes!' roept hij me toe, als hij ziet dat ik twijfel. Ik zou langdurig in therapie willen waarom ik zo'n order nog opvolg ook. Zuchtend pak ik een metalen pin met de stukken walvis en geef deze aan de man. Hij gebaart me dat hij het gerecht zo komt brengen. Ik knik, om ervanaf te zijn, want dit ga ik dus zeker niet eten.

Vijf minuten later

Mijn tegenwoordige moment van het verleden, alsof ik me herinner wat ik op dit ogenblik meemaak. Op mijn mobiele telefoon kijk ik naar foto's die Teaske me stuurde toen ik nog op Schiphol was. Onze zoon lachend. Onze zoon verbaasd. Onze zoon afgeleid. Dit is niet al in het heden vergeten.

Voor de zoveelste keer probeer ik Teaske te bellen. Ze heeft de afgelopen achtenveertig uur niet meer op mijn sms'jes gereageerd en me ook niet teruggebeld. Eindelijk neemt ze op. Ze neemt op!

'Hej!' roep ik.

Ik hoor gestommel.

'Hej,' zegt ze.

Ik vraag hoe het met Bent gaat, hoeveel cc hij vandaag al binnen heeft. Op de achtergrond hoor ik nog meer gerommel. Ik denk aan Pam, die haar afkeer heeft overwonnen en Teaske de afgelopen weken heeft bijgestaan.

'Wat was dat?' vraag ik.

Vertraging op de lijn, alsof de verbinding wordt verbroken.

Ik hoor: 'Ik zit in Leeuwarden.'

Dat begrijp ik niet.

'In Leeuwarden? Bij je moeder?' vraag ik, verbaasd maar ook verheugd dat ze het blijkbaar heeft goedgemaakt met de vrouw die haar 'levenswandel' veroordeelde.

'Nee,' zegt ze.

'Wat?'

'Nee,' zegt ze nogmaals.

'Ik versta je niet.'

'Ik zit bij mijn ex.'

Ik hoorde haar zeggen: 'Bij mijn ex.'

'Je ex?'

'Ja.'

Even laat ik dit tot me doordringen. Haar ex. De té onaardige jongen. Met hulp van communicatiesatellieten en straalverbindingen zwijgen we. Ik maak een geluid, maar omdat ik geen idee heb wat ik wil gaan zeggen blijft het een monosyllabische klank. Ze vraagt of ik tijd heb om even met haar te praten. Ooit noemde ik haar mijn 'coup de foudre' (*une expression francophone qui désigne le fait de tomber subitement en admiration amoureuse pour une personne*), natuurlijk heb ik tijd om met haar te praten.

'Ja natuurlijk heb ik tijd!' roep ik. 'Waarom zou ik geen tijd hebben?'

'Als je gaat schreeuwen hang ik op,' zegt ze.

'Ik schreeuw niet,' zeg ik verbeten. 'Leg me uit wat er aan de hand is. Wat is er? Hoezo bij je ex?'

Ik hoor dat ze zucht en diep ademhaalt.

'Ik heb een vaderschapstest laten doen,' zegt ze.

Ik heb je verteld over het Italianenverhaal, de anekdote die er de oorzaak van was dat ze binnen mijn vrienden-kring van het begin af aan niet zo goed lag. Men vond haar een onverantwoordelijke losbol, een feestbeest. De mees-te vrouwen in mijn omgeving noemden haar achter mijn rug een slet. Lilianne trakteerde me zelfs op een lunch (en misschien wel haar borsten) om me bij Teaske weg te pra-ten. Ik heb dit allemaal goedmoedig van me af laten glij-den: wie zijn mijn vrienden om te oordelen? Ik wist dat de verwekker van Teaskes kind waarschijnlijk een Italiaanse student was. Het ware zo. Ik kende Teaske toen nog niet, ik heb daar niets over te vinden. En toegegeven: van het begin af aan had Teaske ook de mogelijkheid opengela-ten dat de vader een jongen uit Nederland kon zijn, haar ex bijvoorbeeld, de jongen die ze op onze eerste avond in Woudsend 'té onaardig' noemde.

'Je hebt een vaderschapstest laten doen,' zeg ik.

Ze zegt: 'Hm-m.'

'En?' vraag ik. Vroeg ik. Hoor ik mezelf vragen. In mijn

verbijstering begin ik het besef van tijd en perspectief kwijt te raken. Ze heeft een vaderschapstest laten doen.

Teaske haalt adem en zegt: 'Mijn ex is de vader van Bent.'

'Wát?'

'Mijn ex is de vader. Genetisch een 100 procent match. Ik heb een test laten doen met wangslijm. Kost 187 euro.'

Ik hoor het haar zeggen. Op het moment dat ze het zegt kijk ik net uit over de oceaan. Grote witte koppen op het water. Stevige golven. Grauwe lucht erboven. Snel waaiende wolken. De biologische vader van Bent is een té onaardige jongen uit Leeuwarden.

'En je bent nu bij hem, bij je ex?' vraag ik.

'Dat zei ik net,' zegt ze. Waarom ze dit zo vinnig zegt begrijp ik niet.

'Ik bedoel: blijf je ook bij hem?'

'Als je gaat schreeuwen hang ik op.'

'Ik schreeuw niet,' schreeuw ik, 'ik ben compleet verbijsterd. Bent is... Bent gaat mij...'

Ik weet niet wat ik wil zeggen, hoewel ik wel een poging doe te zeggen waarvan ik niet weet wat ik wil zeggen. Bent kwam in mijn leven als een blinde reiziger uit de buik van de vrouw die bij me introk. Hij werd ziek en zij werd ziek, en zonder erover na te denken probeerde ik hen beiden bij te staan.

Andere gasten van de Sægreifinn kijken naar me. Ik laat mijn spullen liggen en stap zonder jas naar buiten, de Reykjavikse kou in.

'Wat doe je?' vraagt Teaske.

'Ik loop naar buiten, behoefte aan frisse lucht.'

'Ik begrijp dat ik je ermee overval, maar ik...'

'Je hebt gewacht tot ik naar IJsland was om de benen te kunnen nemen,' roep ik.

Ze zucht.

'Als jij dat denkt, vind ik dat prima.'

Ik weet niet wat ik denk en vind. Ik denk vooral aan Bent, aan de wezenloze strijd die we met z'n drieën hebben moeten voeren, het gevecht dat hij heeft gevoerd.

'Je bent fantastisch geweest voor Bent,' zegt ze. Hoezo geweest, denk ik, maar voor ik haar hiernaar kan vragen gaat ze verder: 'Maar niet altijd voor mij. Het voelde voor mij vaker alsof ik "de moeder van Bent" was, in plaats van Bent "de zoon van Teaske".'

Ik probeer te begrijpen wat ze zegt, maar het duizelt me. Tegelijkertijd waait de koude IJslandse wind langs mijn lijf.

'Blijven jullie ook bij je ex?' vraag ik, rustiger dan zo-even. Teaske antwoordt dat ze het niet weet. 'Hij is wel de vader van mijn kind.'

En dat is een klap die 2086 kilometer overbrugt. Hij is wel de vader van Bent. Ik kijk naar het restaurant. Achter het doorzichtige plastic scherm van het terras staat de oude visser naar mij te gebaren. Hij wijst op een plastic bord dat hij daar voor me heeft neergezet. Ik knik dat ik eraan kom.

'Ik moet dit verwerken,' zeg ik tegen Teaske. 'Het overvalt me. Ik snap er helemaal niets van.'

'Dat snap ik,' zegt ze, en in haar stem hoor ik opluchting dat dit gesprek voorbij is. 'Je mag Bent overigens gewoon blijven zien als je dat wilt.'

Ik hoor het haar zeggen.

Je mag Bent overigens gewoon blijven zien als je dat wilt.

'Vanavond kom ik terug naar Nederland,' zeg ik en ik verbreek de verbinding.

Terug in het restaurant...
kijk ik naar het gerecht dat de uitbater voor me heeft neergezet. Het ruikt ontegenzeggelijk bijzonder, als biefstuk met vissmaak. Hoewel ik er niet al te sentimenteel over

zal doen denk ik aan harpoenen, opspattend bloed, worstelende walvissen, ik denk aan knuffel Wally, die dit ook niet heeft verdiend.

Dan zie ik in de verte het gezelschap Groep Smulders naderen. Ze zijn behouden teruggekomen van hun boottocht, vermoeid, maar op het oog uitgelaten. Egon zwaait en Ludo steekt zijn duim omhoog. Govert rookt een zware shag.

We lachen naar elkaar. Zoals wij naar elkaar lachen.

'We hebben een walvis gezien!' roept Ludo, als hij binnen gehoorsafstand is.

'Ik ook!' gebaar ik terug. Ik ook, hoor. Ze zijn niet de enigen. Werktuigelijk prik ik mijn plastic vork in een stuk en proef ik de vreemde zilte smaak van het verboden vlees. Rosé gebakken met een licht aangebrande korst, sappig en rijk: walvis zoals walvis hoort te smaken. De rest van het bord schuif ik van me af. Later zullen we erom schateren, de twee walvissen van de laatste dagen van Groep Smulders i.o.

Diep haal ik adem, een beetje pathetisch, maar het werkt wel: er stroomt een vreemde levenskracht mijn lichaam binnen. Het is zo gegaan dat ik hier ben, op dit terras, in dit land, met deze vrienden, met mezelf en mijn omstandigheden. Er rest me niets meer dan jou te schrijven.

Beste vriend,
dit wordt mijn afscheidsbrief. Mijn volgende brieven zullen zijn voor Bent, dat kan niet anders, al vraag ik me af of hij die ooit zal lezen en hoe oud hij dan zal zijn. Ik kan me voorstellen dat Teaske weinig over mij aan Bent zal vertellen wanneer hij later groot is. Wat zou ze moeten zeggen? Er was een man die je leven redde en toen ging ik bij hem weg.

Laat mij Bent dan vertellen dat hij in mijn huis is geboren, op mijn matras, op mijn lakens. Ik ben de man — zal ik schrijven — tegen wie hij voor het eerst heeft gelachen. Dat was op het grote kleed in mijn huiskamer, toen hij nog geen uur oud was. Die avond ben ik met hem in de ambulance naar het ziekenhuis gescheurd, waar artsen hem aansnoerden aan vele levenslijnen. In zijn eerste maanden op aarde heb ik aan zijn ziekenhuisbedje gezeten, omdat een weerbarstig 'puntje' zorgde voor wat zusters noemden een 'slechte start'. Ik heb gehuild in de zekerheid dat dit hem fataal zou worden.

Op de intensive care heb ik me, in alleengelatenheid en badend in geluidjes, regelmatig voorgesteld wat Bent zal kunnen worden: schrijver, wetenschapper, muzikant, uitvreter. Hoe ik hem daarin zou kunnen steunen en sturen. Ik hoorde mezelf dingen vertellen over de wereld en het leven. We bezochten de plekken uit mijn eigen jeugd. We stonden voor mijn boekenkast en ik liet hem de romans lezen die mijn bestaan hadden doen schudden, ik draaide de nummers die hij voor zijn muzikale ontwikkeling moest hebben gehoord, ik leerde hem over het ontstaan van het heelal, de evolutietheorie, de onberekenbaarheid van vrouwen. Vader legt de wereld uit.

Toen het acute doodsgevaar was verdwenen ben ik in een boekje wenken gaan bijhouden. Simpele boodschappen, nog te klein voor een twitterbericht. Wees lief voor je moeder. Denk aan anderen. Maak weinig drama. Laat je nooit raken door kritiek. Zeur niet over kleine problemen. Gooi jezelf eens in de rozen. Vecht alleen voor goede zaken. Denk niet aan geld. Verwacht niet te veel van vriendschap. Laat je niet verblinden door liefde. Laaf je soms aan zelfmedelijden. Wees strenger voor jezelf dan voor je buurman. Gebruik het woord pompaf. Gun een ander zijn succes. Weet dat er altijd mensen leuker of beter zijn dan jij. Vermijd Hilversum. Wantrouw applaus. Laat je vermurwen. Schaam je niet. Aanvaard je taak. Zoek de grap. Wees niet hardvochtig. Toon je emo.. emoti... Heb lief. Begrijp dat het in de liefde nooit van twee kanten tegelijk komt.

Beelden in mijn kop. Ik denk aan het vrolijke gezicht en de neurie van Teaske als ze Bent aankleedde. Ik herinner me de geamuseerde trek om zijn mond toen ik met mijn enorme mannenvingers zijn babyborstje kietelde. Ik zie Bents knikkebollende hoofd de keer dat hij slaperig tegen me aan lag.

Natuurlijk wil ik dat Bent in mijn leven blijft, maar een kind snapt dat ik hem niet 'gewoon kan blijven zien'. Wat heeft een halfjarige aan de omgang met een man die niet zijn vader is en toevallig een paar maanden aan zijn bed heeft gezeten? Bent zal mij niet missen, zoals ik hem.

Hij zal uit mijn leven vervagen, maar wat niet zal verdwijnen is dat ik door hem vader ben geworden. Ik denk niet dat ik me ooit een vollediger mens voelde dan toen ik als ouder in het ziekenhuis zat, van de wereld verlaten, vechtend voor mijn jongen. Gemeten op een schaal van Oerknal tot Eeuwigheid zal Bents ziekte een verwaarloosbare gebeurtenis zijn, maar voor mij veranderde zijn lach de wereld.

VERANTWOORDING EN DANK

Het hoofdstuk 'Er is geen daar daar' verscheen in een oerversie als Friestalige uitgave *Der is gjin dêr, dêre* (Steven Sterk, útjouwer, 2003), en later als verhaal in *Hollands Maandblad* (2004). Een gedeelte van het hoofdstuk werd onder de titel 'De blinde reiziger' uitgebracht als verhaal in een luciferdoosje, geïllustreerd door kunstenares Nanne Meulendijks (2009). De regel 'Er is geen daar daar' is van Gertrude Stein.

Fragmenten uit het hoofdstuk 'De goddelijke bulderlach' verschenen in een veel langere versie in *Hard Gras* (2009). Fragmenten uit het hoofdstuk 'Wijvengezeik' komen uit de eenakter 'Wijvengezeik' (2005, geregisseerd door Marcus Azzini).

Ik heb in dit boek met en zonder bronvermelding geciteerd uit het werk van anderen.

Het verhaal over de Russische piloten heb ik opgetekend uit de mond van Bert Natter.

Sferen en indrukken over de theaterwereld heb ik opgedaan tijdens de theatertournees *Hamerliefde* (1998) met Joost Zwagerman; *Giphart en Chabot met Bril* (2005) en *De Grote Liefde* (2008) met Martin Bril en Bart Chabot.

Mijn onuitsprekelijke dank gaat uit naar personeel en medewerkers van het Wilhelmina Kinderziekenhuis in Utrecht, met name naar dr. Karin Rademaker en dr. Annemarie Verrijn Stuart.

Verder was dit boek er niet geweest zonder Erik Noomen van Uitgeverij Podium, Bert Natter, Jerry Goossens, Arthur Willems, Jeroen van Baaren, Wilfried de Jong, Bart Chabot, wijlen Martin Bril en Mascha Lammes, de mooie moeder van mijn kinderen.